Hanael Buch mit Seele

Umschlaggestaltung: Kolland
Coverfoto Thomas Bleimuth
große Parkanlage der „Villa Borghese“ in Rom
Fotos: Thomas Bleimuth, Cordula Kolland, Kathrin Bleimuth, Manfred Bleimuth, Ernst Woldeck
Druck: Gemi s.r.o Prag
auf Munken Premium

ISBN 978-3-902383-23-5

KARIN E. J. KOLLAND

intuitives Reiki

Flügel meines Herzens

Ethik einer Heilkunst

Hanael Buch mit Seele

Weißt du, warum Engel Flügel haben?,

fragt das Kind die Blumen, aber sie wissen es nicht.

Weißt du, warum Engel Flügel haben?,

fragt das Kind die Tiere, aber sie wissen es nicht.

Weißt du, warum Engel Flügel haben?,

fragt das Kind die Menschen, aber sie wissen es nicht.

Weißt du, warum Engel Flügel haben?,

fragt das Kind die Sterne und diese lächeln liebevoll:

Möchtest du wissen,

wie auch du deine Flügel entfalten kannst?

Ja, bitte, sagt das Kind, mit vor Begeitserung strahlenden Augen und hochroten Wangen. Da schicken die Sterne ihre leuchtenden Strahlen mitten ins Herz des Kindes hinein.

Inhaltsverzeichnis

Teil 1

Ethik und Philosophie einer Heilkunst,
die in den letzten Jahren
hunderttausende Menschen angesprochen hat

Prolog

Man sieht nur mit dem Herzen gut.
Das Wesentliche ist für die Augen unsichtbar!
Der kleine Prinz
Antoine de Saint-Exupéry

Atemberaubend spannend empfand ich schon als kleines Mädchen die Darbietungen der Akrobatinnen und Akrobaten im Zirkus. Ich erinnere mich noch, welch großes Ereignis es war, als so eine bunte Wanderkarawane mit Tieren und Zelten am Ortsrand meines Heimatortes in den Feldern das erste Zirkuszelt aufzubauen begann, das ich sah. Von der Hand meiner Oma festgehalten, zerrte ich ungeduldig, um näher zu kommen, um nur ja alles ganz genau beobachten zu können und um den fremden Duft des Abenteuers hautnah einzuatmen. Alles was ich sah, beflügelte meine Fantasie: die Tiere, die Menschen, die Fahnen und die bunten Kostüme, die Klänge und die gemischten Düfte, die mir entgegenwehten. Doch wirklich gefesselt haben mich die Akrobatinnen und Akrobaten, schwebend hoch oben in der Zirkuskuppel, auf einem dünnen Seil tanzend, sich fallen lassend im Vertrauen auf die Exaktheit der Mitspieler, um aufgefangen zu werden nur an den Handgelenken oder Fußfesseln, sich drehend in Pirouetten, sich biegend, als wäre der Körper nichts weiter als eine Feder, die im feinsten Hauch nach oben getragen wird und sanft dahinschwebt, ohne sich je die Knochen zu brechen im schweren Fall. Ja, der schwere Fall, das war mir bereits passiert, als ich zu ungestüm beim Eislaufen getanzt hatte, gesprungen war und je aus dem Gleichgewicht gekommen zu Boden fiel. Hart und schmerzhaft war der Aufprall auf dem kalten Eis. Ein Schock und eine Gipshand waren die Folge und nun auch die Gründe, warum ich umso mehr mit offenem Mund staunte, das Herz voller Angst, denn es war unvorstellbar, was geschehen würde, wenn eine dieser zartgliedrigen Schönheiten, die ich so sehr bewunderte, aus dem Gleichgewicht kommen würde und fiele - aus solch einer Höhe zu Boden! Nicht einmal denken konnte ich so einen Gedanken und ich klebte mit meinen weit aufgerissenen Augen an jeder Bewegung der tanzenden Körper, so als müsste ich diese mit meinen Blicken festhalten - da oben unter dem bunten Firmament der Kuppel aus Stoff. An ein Netz kann ich mich nicht erinnern, vielleicht gab es keines, vielleicht sahen meine kindlich faszinierten Augen es nicht. Jedenfalls erwachte ich damals noch mehrere Nächte hindurch schweißnass in der Angst, vom Seil zu fallen, das Gleichgewicht zu verlieren, trotzdem wurde ich immer wieder in den berauschenden Traum hineingezogen, der mich den anmutigen Tanz der Akrobatinnen hoch über der Erde schwebend, mittanzen ließ. Und in meiner Fantasie ließ ich den Akrobatinnen Flügel wachsen, ganz feine unsichtbare Flügel. Ja, das war das Geheimnis, das sie trug! Flügel, zart und schön, hauchdünn, wie die Flügel der Fliegen, fast unsichtbar silbern.

Heute, Jahrzehnte später, erinnere ich mich mit einer besonderen Freude im Herzen an dieses Kindheitserlebnis und die Kinderträume vom freien Schweben in der Luft. Denn ich weiß „ICH KANN ES“ – ja, ich habe es gelernt im Laufe der Jahre: die elegante Balance am imaginären „GOLDENEN SEIL“, das vertrauensvolle Schweben im „FREIEN FALL“, das „BLINDE GEHEN“ mit geschlossenen Augen über die „ROHEN EIER“, wobei keines zerbrechen darf.

Nun, ich bin nicht Zirkusakrobatin geworden oder Balletttänzerin, auch nicht Showgirl auf der Bühne der Tricks – nein, ich habe es wirklich gelernt, im realen Leben meine Fühler zu entwickeln und meine Flügel auszustrecken und vollkommen sicher, ungeachtet der Stürme und Wogen, trotz der Versuchungen, die rechts und links nach mir greifen, das Gleichgewicht und die Balance zu finden. Ich habe das Geheimnis gefunden, das mich jung hält im Herzen, das mich froh, glücklich und tief zufrieden macht, das Geheimnis meiner inneren Mitte. Ich hatte viele Lehrer, las viele Lehrbücher, studierte viele Methoden und viele Stäbe wurden mir gereicht. Sie alle waren gut und nützlich. Dankbar bin ich für alles, was mir begegnet ist. Und doch ist etwas mir zum Vertrautesten geworden, etwas, das keine Methode ist, etwas, das einfach ist und sanft: Reiki. Reiki wurde mir zur Basisstation meiner Mitte, eine Hilfe die immer da ist, in mir, einfach und gut: Reiki, das Licht und die Flügel meines Herzens, die segnende Kraft meiner Hände.

Ewigkeit
singt
ein Lachen
in meinem Herzen,
ergeben der Weisheit der Liebe.

Reiki, Flügel des Herzens

Wer bist du?
Woher kommst du?
Wohin gehst du?
Was ist deine Berufung?

Irgendwann im Leben muss sich wohl jeder Mensch diesen essentiellen Fragen des Seins stellen. Manche Menschen beginnen erst zu fragen, wenn das Schicksal ihnen den üblichen Weg versperrt, während einer Krankheit, nach einem Unfall oder einem anderen einschneidenden Erlebnis. Die Frage nach dem „wer bin ich“ beginnt dann meist mit der Frage „warum passiert das ausgerechnet mir?“ Wenn es passiert, der Schock, die Diagnose, die Naturkatastrophe, bemerken die Menschen, dass sie ihre Mitte verloren haben. Sie erkennen, dass sie an ein Ufer geschleudert wurden, dass plötzlich eine Grenze da ist, ein Stopp, einer Verbotstafel gleich, oder schlimmer noch: eine Mauer, an der sie sich den Kopf anrennen, über die sie nicht hinüberblicken können und die viel zu steil anmutet, als dass man sie erklimmen könnte. Sie schreien auf: „Um Gottes Willen, wie um alles in der Welt komme ich denn hierher?“ Und viele Menschen drehen sich da zum ersten Mal wirklich um und blicken zurück in eine Zeit, die vergangen ist, in Chancen, die sie nicht genutzt haben, auf einen Weg, über den sie sich vielleicht erst hier und jetzt erstmals Gedanken machen: den eigenen Lebensweg!

Erst wenn der Strom des Lebens uns hart an eines seiner Ufer schlägt, begreifen wir, dass es eine Mitte gibt, dass es notwendig ist, Balance und Halt in dieser Mitte zu finden. Wer ein Reiki-Seminar besucht und sich in den ersten Grad einweihen lässt, der wird von einem/r guten Reiki-Lehrer/in lernen, dass es wichtig ist, täglich einmal innezuhalten, ruhig zu werden, sich die Hände aufzulegen und zurück zu blicken, damit man reflektieren kann: was war gut an diesem Tag? Das Gute zu sehen und zur Kenntnis zu nehmen, gibt uns Kraft und Sicherheit. Wir lernen Danke zu sagen dafür. Aber wir lernen auch zu erkennen, was nicht so gut war. Wir sehen, was veränderungswürdig ist, was es zu verbessern gilt und wo es Heilung braucht. Wir fragen uns, was wir zu lernen haben, um es besser machen zu können. Täglich sollten wir innehalten, zurückschauen und uns die essentiellen Fragen des Lebens stellen. Tun wir es, so werden es täglich kleine Hürden, kleine Steine sein, die es zu überwinden gilt, kleine Prüfungen, die uns nicht so schwer fallen. Schauen wir aber lange nicht zurück, so wird der Rucksack mit all den unerledigten Dingen immer größer. Mit Reiki können wir kleine Lernschritte machen, Lernschritte, die Freude bereiten. Tun wir es nicht, so sammeln wir die ungelösten Fragen des Lebens als Steine des Weges in unserem Rucksack zusammen und schleppen sie als Schatten mit uns herum. Doch irgendwann verdichten sich diese Steine dann plötzlich zur Mauer. An dem Punkt, wo der eigene Schatten uns einholt und sich unüberwindbar vor uns auftut, müssen wir uns dann diesen Fragen stellen, ob wir wollen oder nicht und wohl auch mühsam die vielen Steine wegräumen. Wer Flügel haben will, um fliegen zu lernen, der muss sich fragen, was er tun kann, um seine Flügel zu finden, zu entfalten und zu benutzen. Und mit einem Rucksack voller Steine wird es schwer sein, sich in die Leichtigkeit zu erheben.

Als Reiki mich abholte, an diesem besonderen kosmischen Tag meines Lebens, eigentlich fast ein Tag wie jeder andere, nur doch hervorgehoben durch die Anreise zum Seminar, da war ich weit davon entfernt, die Wichtigkeit des Tages zu begreifen. Es waren immerhin achthundert Kilometer und die Neugierde, die Vorfreude, pochte in mir. Dennoch war mir nicht bewusst, welch besonderer Tag und welch besonderer Schnittpunkt der Bahnen der Möglichkeiten in meinem Leben dies war. Reiki reihte sich ja an eine lange Kette unterschiedlicher Ausbildungsseminare, die ich zu dieser Zeit besuchte, mit dem Ziel, meine Mitte zu finden.

Gerade Heute
will ich es wagen, glücklich zu sein.
Ich fühle diese wundervolle Energie,
die mich atmet,
die mich warm durchströmt.
Ich fühle die Liebe in mir.

Reiki, die Kunst des Handauflegens

Reiki ist ein japanisches Wort: REI, japanischer Begriff für Kosmos, universell; KI, japanischer Begriff für Kraft, Energie und auch Geist.

Reiki ist eine „Be-HAND-lungsform“, bei der mittels Auflegens der HÄNDE auf den eigenen Körper oder den Körper anderer Lebewesen die Selbstheilungskraft gestärkt wird.

Der Impuls, bei einem Schmerz die Hände aufzulegen, geht auf einen angeborenen Urinstinkt des Menschen zurück. Der Ursprung von Reiki liegt in diesem Urinstinkt des intuitiven Handauflegens, wodurch Selbstheilungskraft und Selbstschutz aktiviert werden. In der deutschen Sprache verweist auch das Wort Behandlung auf die heilende Kraft menschlicher Hände. Es ist dem Japaner Mikao Usui (*15. 8. 1862 in Yago, Yamagata in Japan, + 9. 3. 1926) zu verdanken, dass heute wieder sehr viele Menschen sich ihrer eigenen Selbstheilungskraft bewusst werden und diese Kraft unter dem von Usui gegebenen japanischen Namen Reiki anwenden.

Intuitives Reiki, wie ich es in meinen Seminaren anbiete, hat die traditionelle Reiki-Lehre der Usui Shiki Ryoho Gakkai

(Gemeinschaft natürlichen Heilens) als Basis, die von Mikao Usui gegründet wurde. Diese Lehre dient aber nur als Einstieg für einen persönlichen und individuellen Bewusstwerdungsweg, der dem Menschen zeigt, dass das Schicksal, durch bewusstes eigenverantwortliches Denken und Handeln, in seinen eigenen Händen liegt.

Reiki wird in drei Graden unterrichtet. Im ersten Grad-Seminar erfährt der Reiki-Schüler vier Reiki-Energieeinstimmungen, auch Einweihungen genannt. Diese Energieeinstimmungen sind sakrale Handlungen, bei denen durch Anwendung der traditionellen Reiki-Symbole, eine Verstärkung der universellen Lebensenergie bewirkt wird. Erst durch Übung und bewusste Anwendung, kann der Schüler diese Lebensenergie als Heilenergie seiner Hände zunehmend entfalten, wozu ihm im Seminar sowohl praktische als auch theoretische Anweisungen gegeben werden. Im zweiten Grad erfolgt eine weitere Energieeinstimmung und der Schüler wird in der Anwendung der Reiki-Symbole unterrichtet. Durch die konsequente Anwendung der Reiki-Symbole im Alltag soll der Praktizierende aktive Selbsterkenntnis der eigenen geistigen Fähigkeit erlangen. Er soll lernen, dass er durch sein klar ausgerichtetes eigenes Denken und Handeln sein Leben, individuell und eigenverantwortlich, wesentlich verbessern und gestalten kann und er soll in innere Berührung mit der kosmischen Urwahrheit und den kosmischen spirituellen Urgesetzen des Lebens kommen. Im Meistergrad erfolgt eine Vertiefung des persönlichen spirituellen Weges und der Schüler kann sich zum

Reiki-Lehrer ausbilden lassen. Die Seminarinhalte werden von den einzelnen Reiki-Lehrern und Lehrerinnen sehr persönlich und auch unterschiedlich angeboten. In meinen drei Büchern über intuitives Reiki (der 1. Grad, der 2. Grad und Meistergrad) findest du die Grundlagen über die Reiki-Praxis, die genauen Seminarinhalte und die Beschreibungen zur Arbeit mit den Reiki-Symbolen. Information zu den Büchern findest du im Anhang.

Als Reiki etwa ab 1980 in Europa Einzug hielt, war es ausgehend von der japanischen Usui Shikki Ryoho Gakkai eine Geheimlehre, die den Schülern auch strengste Geheimhaltung auferlegte. Uneinsichtigkeit in diese Lehre führte wohl zu dem Umstand, dass Reiki von verschiedenen Seiten sehr argwöhnisch und kritisch betrachtet wurde – das ist verständlich. Die Kritik fand auf Grund des Umstandes, *nicht hineinblicken zu können*, aber nur sehr oberflächliche Ansatzpunkte, wie das schnelle Vorurteil der Scharlatanerie und Geschäftemacherei. Aus meiner Sicht ist auch dies ein verständlicher Ansatzpunkt gewesen und natürlich ist bei einer „Geheimlehre" Missbrauch generell möglich, da nichts öffentlich gemacht wird und somit alles unkontrolliert abläuft. Um diese Problematik zu verstehen und die Missverständnisse auch aufzulösen, müssen wir folgende Fragen klären:

- Warum kam es zu dieser strengen Geheimhaltungspflicht? Und weshalb ist die Aufhebung der Geheimhaltungspflicht so wichtig?
- Das Problem des institutionalisierten Glaubens und das Problem der institutionalisierten Wissenschaft.

Richtigerweise müssen wir mit dem zweiten Ansatzpunkt, der Betrachtung der Institutionalisierung von Spiritualität, Religion und Wissenschaft beginnen, denn daraus folgte eben in der Menschheitsgeschichte die Notwendigkeit der Geheimhaltung spiritueller Lehren in der Vergangenheit.

Jede Religion entwickelte sich ursprünglich aus dem Volksglauben. Der Volksglaube entwickelte sich aus der Beobachtung von Natur und Kosmos - Elemente, Wind und Wetter, Gezeiten, Steine, Pflanzen, Tiere, Sterne und Planeten. Jede Wissenschaft entsprang ursprünglich aus der Notwendigkeit der Kommunikation. Unter Angleichung von Tönen und Lauten, ausgedrückt durch Silben, entstanden Wörter, Sprache, Lieder und Musik. Unter Anwendung von bildhaften Darstellungen, mit Hilfe von Symbolen, wurde begonnen, diese Lautsprache durch Hieroglyphen, Buchstaben, Zahlen, Noten, etc. aufzuzeichnen. Bald verfügte die Menschheit über eine große Sammlung von traditionellem Volkswissen, Volksheilkunst und traditionellen religiösen Bräuchen. Da Wissen und Religion zu umfangreich wurden, um an jeden Menschen weitergereicht werden zu können, entstanden ganz automatisch Institutionen, die sich einzelner Wissensbereiche und Religionen annahmen, um dieses Wissen zu hüten. Mit der Zeit wurden aber die Institutionen und Kirchen so mächtig, dass die Menschen zunehmend merkten, dass ihre eigene Wahrheit und Erkenntnis nicht mehr lebendig sein konnte, da die Institutionen mit Vorschriften, Geboten und Verboten, Eigenverantwortung und Selbsterkenntnis unterdrückten, persönliche Weltbilder zu verbieten begannen. Letztlich kam es zur Verfolgung, wenn der einzelne Mensch sich der Institution nicht beugen wollte. Besonders tragisch war dies zur Zeit des Mittelalters im Abendland, als das intuitive Wissen der Frauen und Hebammen, die über große Fähigkeiten in der Volksheilkunst und Spiritualität verfügten, nahezu durch die Inquisition ausgerottet wurde. (Literaturhinweis: Jeanne Achternberg, „Die Frau als Heilerin", Scherz Verlag) So bildeten sich geheime Zirkel und Geheimgesellschaften, die ursprünglich den Zugriff der etablierten Institutionen und Kirchen auf lebendiges Volkswissen verhindern sollten. Doch wieder nur die Geheimgesellschaften unter männlicher Führung konnten sich etablieren; nur Männern wurde der Zutritt gestattet, Frauen waren fast immer und fast überall ausgeschlossen, sie waren unorganisiert und schutzlos. In den Geheimgesellschaften wurde aber auch wieder das Wissen institutionalisiert und nicht an das Volk zum individuellen Gebrauch freigegeben, sondern oft zu Zwecken der Macht zurückgehalten. So war es in Europa und so war es wohl überall auf der Welt: sakrale und auch profane Institutionalisierung in männlicher Hand und Macht. Jedoch die Weitergabe von Wissen ist Liebe und die Zurückhaltung von Wissen ist Macht.

Das Besondere an Reiki ist, dass es einer Frau – Frau Hawayo K. Takata (*24. 12. 1900 in Hawaii, +1980.) – gelungen ist, nicht nur Zutritt zur Usui Shikki Ryoho Gakkai bekommen zu haben, sondern sie war auch mutig genug, dieses Wissen, um die Kraft von Reiki, sehr engagiert in die eigene Hand zu nehmen und kurz entschlossen in die Welt zu tragen! Frau Takata haben wir die erste Öffnung zu verdanken, durch die Reiki für so viele Frauen zugänglich gemacht wurde. Und ja, natürlich, es sind die Frauen, die die Wahrheit dieser ursprünglichen spirituellen Heilenergie Reiki in ihrem Herzen als erstes spürten und in Scharen zu den Reiki-Einweihungen kamen. Es wird nach einer Umfrage unter Reiki-Meister/innen laut Reiki-Magizin geschätzt, dass sich zwischen 1980 und 2006 nahezu eine Million Menschen im deutschsprachigen Raum in Reiki einweihen ließen. In den ersten Jahren waren es vorwiegend Frauen, die kamen. Nun wächst aber auch der Zustrom von Männern aus den unterschiedlichsten Berufen.

Und es waren auch wieder Frauen, die begannen, die strenge Geheimhaltung und vor allem die Institutionalisierung aufzubrechen, indem sie über Reiki Bücher zu schreiben begannen. Ich darf für mich selbst in Anspruch nehmen, dass ich eine der ersten, wenn nicht die erste Autorin in Europa war, die die Problematik der nicht mehr zeitgerechten Geheimhaltungspflicht erkannte und die Reiki-Symbole in Büchern veröffentlichte. Aber auch junge mutige Autoren folgten diesem Beispiel nach.

Ich bin davon überzeugt, dass dieser Weg richtig und notwendig ist. Um das Reiki-Wissen lebendig zu halten, muss eine Öffnung der Institution zur freien Einsicht und freien Verbreitung gegeben sein. Niemand sollte in Sachen Heilung und Spiritualität bevormundet werden, weder von den Vertretern einer Lehre noch von den Gegnern. Doch dazu ist Offenheit notwendig und vor allem auch ein behutsamer und respektvoller Umgang mit dem Wissen, dem Glauben und der Weltsicht des einzelnen Menschen. Als erwachsener mündiger Bürger dürfen wir selbst entscheiden, was wir als Hilfe für uns selbst in Anspruch nehmen wollen oder nicht wollen. Dies ist letztlich auch ein Garant für Qualität, denn wer vergleichen kann, der kann hohe Qualität von niedriger unterscheiden und somit ist die Öffnung auch ein Schutz für die Qualität von Reiki.

Jetzt wäre es auch an der Zeit, dass Kritiker und erklärte Gegner von Reiki sich der reichhaltigen Literatur über Reiki annehmen, sich informieren und einmal nachdenken, bevor sie ihre unqualifizierten Vorurteile öffentlich deklarieren. Wenn sie aber kein Interesse an Reiki haben, dann sollten sie nicht jene zu bevormunden und negativ zu beeinflussen versuchen, die dieses Interesse haben. Reiki ist keine (medizinische) Wissenschaft sondern eine spirituelle Praxis, die auf sakralen heilenden Handlungen beruht. Reiki ist eine Energie, eine Selbstheilungskraft, die uns zu unserem persönlichen Entwicklungsweg in unsere innere Mitte verhilft.

Alles in der Natur
ist wertvoll und einzigartig,
es ist wundervoll.
Alles was mein Auge sieht,
ist eine Schöpfung
des göttlichen Lichtes.

Die innere Mitte finden

Aber was ist sie, die Mitte? Wo ist sie zu finden, innen und außen? Auch mit Reiki geht das nicht automatisch. Ja, die Wogen des Lebens verstärken sich vielleicht sogar unmittelbar nach der Einweihung, denn die Selbstheilungskraft wird aktiviert. Das bedeutet, dass Energie in sozusagen versteckte oder unterdrückte körperliche oder psychische Problembereiche gelangt und dass diese Energie einen Impuls zur Selbstheilung gibt. Dabei gelangt das Problem, das Ungleichgewicht, an die Oberfläche und wir bekommen die Chance zur bewussten Harmonisierung und Heilung. Wir bekommen die Chance, das Gleichgewicht herzustellen und zu halten.

Wie aber ist das Gleichgewicht zu halten? Indem ich nachdenke, wie ich es am besten erklären könnte, tauchen vor meinem geistigen Auge immer wieder die Bilder aus dem Zirkuszelt auf. Ein Seiltänzer arbeitet mit seinem Gewicht – er ist sich seiner irdischen Schwere bewusst. Nur die Konzentration auf sein Gewicht ermöglicht es ihm, mit den Zehen und Fußsohlen die Haftung auf dem dünnen Seil zu erzielen und er braucht ein weiteres Gewicht, das Gewicht seiner Arme – viele nehmen eine Stange, einen langen Stab, um ein schwereres und längeres Gewicht von einem Pol zum anderen ausbalancieren zu können. Die Polarität muss ausgelotet werden, das Gute und das Schlechte, Plus und Minus, Rechts und Links wollen berührt und gespürt werden, um die Mitte finden zu können. Ohne das Ausstrecken der Hände nach rechts und links ist weder der Tanz am Zirkusseil noch der spirituelle Reiki-Pfad zu bewältigen, der den Suchenden ins Licht des Himmels führen soll. Ohne den rechten und den linken Flügel zu spreizen, kann kein Vogel fliegen. Ist das Seil in der Zirkuskuppel noch waagrecht gespannt, so führt es uns am spirituellen Pfad steil ansteigend nach oben. Doch je höher hinauf wir kommen, umso wichtiger wird es mit dem eigenen Gewicht, der Schwere der ganzen Wahrheit, körperlich, charakterlich, gedanklich, emotional und spirituell umzugehen. Nur wer sich seines Gewichtes, seiner naturgegebenen Wichtigkeit, seines Wertes bewusst ist, kann sich in der Mitte halten. Nur wer in seinem individuellen Wert auf der Erde bewusst verwurzelt und gut verankert ist, kann sich hoch strecken und Leichtigkeit im Schweben und Fliegen erlangen.

Die Feder fliegt so leicht weil an ihrem Schaft vollkommen gleichmäßig feine Härchen polar angeordnet sind: wie Strahlen, die sich verdichtet haben zu feiner Materie, ein Flaum. Dies macht mir bewusst, dass das, was uns wirklich trägt, immer das Feinste vom Feinen ist: die Luft, die Federn, die edlen Gedanken, die gute Absicht, das ehrliche Bemühen, die Lichtenergie unserer Hände und unseres Herzens. Was wir also brauchen, um schweben und fliegen zu können, um uns zu erheben über die Schwere und Dichte, die uns gefangen hält, ist das Feine und somit auch die Leichtigkeit: Freude, Zärtlichkeit, Feingefühl, Einfühlungsvermögen, Glückseligkeit, das Licht der Hoffnung, ja es trägt. Und doch braucht es ein Gegengewicht, etwas Schweres, den Stab der Akrobaten, damit wir uns ausbalancieren können: Verantwortungsbewusstsein, Pflichterfüllung, Ernsthaftigkeit, Konzentration, Durchhaltevermögen, usw.

Denn Getragen wird im Äther des Seins diejenige, derjenige und dasjenige, die, der, das im Licht der Wahrheit das Gleichgewicht zwischen den Polen zu halten gelernt hat. Zwei Flügel hat der Vogel: einen rechts und einen links, zwei Pole, zwei entgegengesetzte Spinrichtungen. An dem einen Schaft der Feder richten sich die feinen Härchen rechts aus, an dem anderen links. Zwei Arme braucht der Mensch: einen spirituellen und einen materiellen Arm, eine rechte und eine linke Gehirnhälfte, um ganzheitlich das Gleichgewicht halten zu können, um sich mit Hilfe der Sinne, Sehen, Hören, Fühlen, Schmecken, Riechen und Tasten, in Harmonie zu bringen, in jeder Bewegung und Handlung.

Wer den spirituellen Pfad gehen will, wer den Flug der Leichtigkeit wagen will, der braucht feine Antennen, feine Fühler, wache Sinne, die plus und minus auszuloten verstehen und eine gute Gewichtung der eigenen Werte, um sich sicher und anmutig fortzubewegen: das Standhalten in einem unbeeinflussbaren Charakter, die Treue zum eigenen Ideal, die Verankerung an die eigene innere Stimme, das Erhören des eigenen Gewissens usw. Wer den spirituellen Pfad der Meisterschaft beschreiten will, der braucht eine gute Biegsamkeit in der Toleranz, im Mitgefühl und im Verständnis für die eigene Welt ebenso, wie für die Welt und Weltsicht der anderen. Starre macht stur und wer starr ist, verliert die Balance sehr leicht und kippt auf eine Seite weg. Wer starr ist, bricht sich die Knochen und zerstört wertvolle Strukturen, die als Sicherheitsnetz dienen können. Ein Sicherheitsnetz funktioniert dadurch, dass es sich dehnt und schwingt. So wird der freie Fall durch Schwingung und Dehnung aufgefangen. Würden wir beim Bungee Jumping eine starre, nicht dehnbare Kette nehmen, die Beine wären kaputt. Wer mit Reiki, mit Energie, arbeitet, sollte auch weich und dehnbar bleiben, dennoch unbeirrbar stark in seinem Glauben sein. Schau zurück in der Geschichte. Wie viel Leid ist im Namen Gottes, im Namen Jesus Christus, im Namen Allah, oder im Namen anderer Religionsführer angerichtet worden! Wie viel Blut ist geflossen, nur weil die Starre, die Sturheit, das Gesetz, die Tradition, das Dogma nicht als Sicherheitsnetz eingesetzt wurden, sondern als Ketten um Arme, Beine und Herz der Menschen gelegt wurden, die daran oft zerbrachen und erstickten.

Der Glaube muss stark sein, das Gebot aber weich. Wird das Gebot ohne Liebe und Güte angewendet, so richtet es möglicherweise mehr Schaden an, als es Nutzen bringen kann. Die Lehre hat nur da ihren Wert, wo sie von ihren Vertretern klar und mit Güte vorgelebt wird. Das bedeutet, selbst zu Gott hingehen und nicht andere zu Gott hinbefehlen. Keine Religion oder spirituelle Lehre kann jemanden zu Gott hinbringen, indem dieser in Ketten gelegt wird, gepeitscht wird, gezwungen und geknechtet wird oder verhöhnt wird. Keine Religion oder Lehre kann jemanden zu Gott hinbringen, indem mit Fluch, Strafe, Teufel, Hölle, Misserfolg und Weltuntergang gedroht wird. Wenn wir es ganz genau betrachten, dann kann überhaupt keine institutionalisierte Religion Menschen zu Gott hinbringen, denn Religion kommt von „religio“ und bedeutet „Rückbindung an das universelle Prinzip“, aus dem freien Willen heraus, ganz individuell und persönlich.

Der einzelne Mensch kann diese Rückbindung an den göttlichen Willen in seinem freien Willen suchen und finden. Dazu kann ihm eine institutionalisierte Kirche zuweilen nützlich sein, zuweilen wird sie aber auch den spirituellen Fortschritt behindern, wenn sie den Menschen ab einer bestimmten Entwicklungsstufe nicht völlige Freiheit und Mündigkeit zugesteht. Abhängigkeit und Bevormundung behindern die Eigenverantwortung und Ausbildung des eigenen Gewissens. Wer seinen freien Willen gebraucht, sich von Abhängigkeiten befreit, die Mitte findet, in sich selbst und in der Welt, der hat auch Gottes Willen gefunden. Denn Gottes Wille ruht im Frieden, in der Mitte, im Zentrum all unseres Seins. Von einem großen Meister wurde mir der Satz gegeben:

„Friede geht von Gott aus. Suche den Frieden, dann findest du Gott.“

Sowohl der Rausch der Ekstase als auch der Fatalismus sind nichts als vergängliche Randerscheinungen in den Wogen der Zeit. Reiki bewirkt „religio“ aber Reiki ist keine Religion. Reiki ist auch keine Methode. Reiki ist Heilkraft. Reiki ist universelle Energie und somit etwas, das uns Impulse zur eigenen Entwicklung und Selbstheilung gibt.

Wenn wir es schaffen, tatsächlich in der Energie von Reiki zu leben, dann ist das gelebte Spiritualität und führt zur Selbstverwirklichung. Spirituelle Entwicklung ist ein Tanz; ein Tanz im Licht des Universums, das zusammengesetzt ist von Billionen und Billionen Elektronen. Sie allesamt kommunizieren miteinander. Freude, Rhythmus und Schwung, Konzentration, Kraft und Leichtigkeit, Liebe, Schönheit und individuelle Freiheit erklingen wie eine gewaltige kosmische Symphonie. Mitten im Orchester spielst du dein eigenes Instrument und wirst getragen vom Klang und trägst durch dein Spiel, auf deinem Instrument, gleichermaßen zum krönenden Jubelgesang bei. Der Schwingungsakkord der Freude am gemeinsamen Spiel webt das Grundmuster in die Symphonie des Aufstiegs. Die Symphonie ist individuell im Temperament gefärbt: mal Allegro, mal Andante, mal Scherzo, mal Adagio. In die Klangwelt und Farbenpracht des Universums ist alles eingespannt, du selbst, dein Leben, dein Wirken, dein Sein.

Entfalte deinen ureigensten Klang, öffne deinen Herzensaltar und strahle dein Licht aus. Singe deinen Ton, breite deine Flügel aus und tanze den bewussten Tanz des Lebens.

Der spirituelle Reiki-Pfad ist nur ganzheitlich zu beschreiten – Körper, Geist und Seele, Denken und Fühlen, Tun und Lassen, Wissen und Ahnen, Reden und Schweigen, Gesang und Stille müssen in vollkommener Harmonie sein, Licht und Schatten versöhnt. Der Ton, der erklingt, vergisst seinen Ursprung nicht und wie weit ihn die Schallwelle auch trägt, im Echo der Stille kehrt er stets zurück, kehrt heim ins Innerste seines Ursprungs.

So dürfen auch wir keinen Gedanken, kein Wort, keine Tat wegfließen lassen von uns selbst, ohne Rückkoppelung an unsere eigene höchste Verantwortung in bewusster Rückverbindung mit unserem Ursprung. Behalten wir die Verantwortung für jeden Gedanken, für jedes Wort und jede Tat bei uns selbst, so wachsen wir nicht nur proportional schnell in unserer Bewusstheit und erlangen den Segen der bewussten Schöpferkraft, sondern genießen auch den Trost und die Güte, da jeder Fehler, für den wir uns sogleich, jedoch ohne Schuldzuweisun, verantwortlich erklären, unser ganzheitliches Gewicht der Wahrheit nicht mindert, sondern im Gegenteil stärkt! Wir brauchen also keine Angst vor Fehlern zu haben, solange wir sie zugeben und bereit sind, in Liebe daraus zu lernen und in ihnen wertvolle Trittstufen auf dem Weg sehen.

Harmonie bedeutet innere Biegsamkeit. Harmonie ist eine Wendigkeit des Herzens und des Geistes, die sich aus Anmut, Güte und Schönheit einen Schleier webt. Vielleicht ergibt das Schwingen dieses magischen Schleiers eine bessere Balance, als die schwere Stange, beim Üben am Seil. Aber Achtung, in der Anmut, in der Schönheit und in der Bewegtheit der sich ausdehnenden Öffnung, lauern viele Versuchungen. Es bedarf einiger Übung, auf die Schwere und Geradlinigkeit der polaren „Messlatte“ zu verzichten und stattdessen den anmutigen Schleier auszuwerfen.

Aber wie immer: Gleichgewicht und Harmonie sind nicht zu finden, wenn wir verharren, hocken bleiben auf sicherem Terrain. Gleichgewicht und Harmonie sind da zu finden, wo wir den Mut haben, tief einzutauchen in den Ozean des Seins, uns tragen lassen von den Wellen, den Stürmen nicht ausweichen, sondern mit ihnen gehen! Nicht der kommt ans Ziel, der sich nicht selbstständig bewegt, nichts riskiert, sich immer zaghaft in der Herde versteckt, sich treiben lässt, nirgends anecken will und kaum in Erscheinung tritt; nicht der, der sich krampfhaft an den Traditionen und Regeln seiner Kultur und Religion anklammert, der eifrigst bemüht ist, all die Gebote, die Verbote und Beschränkungen zu beachten, die seine Ahnen ihm auferlegt haben, kommt ans Ziel; nicht der, der blind ist für das Wunder der Vielfalt und nur der Einseitigkeit frönt, kommt ans Ziel, sondern ans Ziel kommt der, der jeden Tag wieder bereit ist, das Leben in seiner Vielfalt und Tiefe neu zu entdecken und zu erproben.

Am spirituellen Reiki-Pfad geht es nicht darum, Fehler zu vermeiden oder keine „Sünde“ zu begehen. Der spirituelle Pfad ist das Leben mit all seinen Versuchungen, seinen Freuden und seinen Schmerzen. Es ist der Mut zu leben, der Mut zu siegen und auch der Mut zu scheitern, der uns wirklich voranbringt. Es ist der Mut zur Liebe, der unsere Krusten und Fesseln sprengt. Es ist der Mut zur Glorie und zur eigenen Größe, der uns wachsen lässt und uns aufrichtet, der uns Flügel schenkt und trägt – hinweg über die Schattenstürme des Schicksals, das zu uns gehört, wie der Körper und das Leben eben zu uns gehören.

Gleichgewicht und Harmonie kann nur derjenige finden, der es wagt, in die Wogen des Lebens einzutauchen. Wer auf die unglaublich vielfältigen Möglichkeiten seines bewegten abenteuerlichen und spannenden Lebens und das damit verbundene Risiko verzichtet, erntet nicht Erleuchtung, sondern nur Enttäuschung, ein Gefühl der Leere, des Unerfülltseins und der Griesgrämigkeit. Dieser unbefriedigende Sog zieht nicht hinauf, sondern immer wieder herab, von einer Inkarnation zur anderen – solange bis wir erkennen, wie einzigartig wir sind und unsere Flügel ausstrecken, uns tatsächlich über alle Dogmen der Vergangenheit erheben und unsere Freiheit entdecken: die Freiheit des eigenen und individuellen spirituellen Pfades – des goldenen Reiki-Pfades der eigenen Mitte.

Alles
hat ein Zentrum.
Nichts ist ohne Ursprung.
Alles folgt einem einzigen Ziel:
Heimkehren in die Liebe.
Ich werde da sein, wenn das
Glück anklopft an meine Tür.

Der Mittelpunkt des Universums

Ihr seht Dinge, die es gibt und fragt: „Warum?“
Ich aber sehe Dinge, die es nicht gibt und sage:
„Warum nicht?“
George Bernard Shaw

In dem Moment, wo wir uns selbst als Subjekt in unserer subjektiven Sichtweise, Empfindung und Einzigartigkeit akzeptieren und wahrnehmen können, werden wir automatisch zum Mittelpunkt unseres Universums und unserer Welt! In dem Moment, in dem wir erkennen, dass jede Projektion der Verantwortung nach außen – die Gesellschaft ist schuld, die schlechten Bedingungen in der Umwelt sind schuld, die Gesetze und die Politik sind schuld – eine Fatamorgana, also ein Irrbild ist, das uns immer weiter in die Wüste des Irrtums führt und von der Wahrheit ablenkt, in dem Moment erkennen wir die Einzigartigkeit unseres selbstbestimmten Seins.

In dem Moment, wo wir wissen, „ich bin der Mittelpunkt, denn ich bin es, die/der erkennt, hört, empfindet, denkt, analysiert, bewertet, ermisst, lebt usw." erfahren wir die sanfte Bewusstseinserweiterung, welche Seele, Geist und Körper als Einheit im „ICH BIN Bewusstsein" durchdringt und vereint. Die Erkenntnis des Seins, „ICH BIN", ich bin eben die/der ich bin, ich bin eben so wie ich bin, mit allen Erfahrungen, die zu mir gehören, mit allen Stärken und Schwächen, diese Erfahrung des Seins verbindet uns ganz automatisch tief und stark mit der Quelle des Lebens, mit Gott in uns.

Wenn wir Reiki anwenden, dann müssen wir uns klar machen, ich bin es, die/der das jetzt tut. In meiner eigenen Verantwortung tue ich es, auch dann, wenn ich nur Kanal bin für die feine und hohe Reiki-Energie, die durch mich fließt. Der Mensch, der Reiki gibt, kann nicht über die Essenz von Reiki bestimmen, ist aber sehr wohl verantwortlich für alles, was er sagt, denkt und tut. Der Mensch, der Reiki bekommt, kann nicht über die Essenz von Reiki bestimmen, ist aber ebenso verantwortlich für alles, was er sagt, denkt und tut.

Wenn wir uns dieser „ICH BIN Erfahrung" wirklich hingeben, voller Liebe und im Vertrauen, dann sinken wir weich und sanft in Gottes bewusste Liebe und in Reiki hinein und spüren, dass wir getragen werden. Der Atem kommt und geht, weil es Gottes Atmen ist, der in uns lebt. Reiki kommt und geht, in seiner Schwingung, durch unser Herz und unsere Hände, weil es die Essenz der Lebenskraft Gottes ist, die durch uns fließt und wirkt. Das Auge sieht und erkennt, weil es Gottes Auge ist, das unserem Auge die Fähigkeit zur Wahrnehmung verliehen hat. Das

Wort, das wir sprechen, der Gedanke, den wir denken werden zu Gottes Wort durch uns. Gott und ich, Gott und wir sind ALL-EINS. Reiki und ich, wir sind alleins. Und so erfahren wir, dass wir deshalb lebende und sehende Wesen im Universum sind, weil die ewige Schöpferkraft in uns lebt, weil wir durch Gott leben und ALL-EINS sind. Da Gott in uns lebt, uns Leben schenkt, liebt uns Gott auch über alles, als seine/ihre Geschöpfe. Wir erkennen, dass wir deshalb und nur deshalb der Mittelpunkt des Universums und der Welt sind, da Gott immer und überall der Mittelpunkt des Universums und der Welt ist.

Viele Menschen haben Probleme, das Paradoxon der kosmischen Wahrheit zu akzeptieren. Aber das Universum besteht und lebt gerade aus dem Paradoxon, aus dem Widerspruch kommt die Kraft zum Sein in der Einheit. Aus dem Widerspruch erwächst die Erkenntnis der Ganzheit und Vollkommenheit. Aus dem Widerspruch kommt die Kraft der Unterscheidung und Wahrnehmung. Wäre das „Getrennte" nicht „vereint", gäbe es „NICHTS" was wir erkennen könnten. Wäre das „Vereinte" nicht „getrennt", gäbe es „NICHTS", das wir voneinander unterscheiden könnten.

Nur wer das Paradoxon des Lebens akzeptiert, kann die Mitte finden und halten. Es bedeutet „ICH BIN vollkommen und einzigartig" und dennoch „unvollkommen und winzigster Teil des Ganzen". Es bedeutet „ICH BIN unendlich groß und mächtig" und dennoch kann ich „ohne Gottes Hilfe und Gnade NICHTS bewirken". Auch das Universum braucht mich, denn es gilt auch der Umkehrschluss: universelle Hilfe und Gnade kann nicht wirken, wenn ich nicht bereit bin, mich selbst in meiner Größe und Göttlichkeit anzunehmen – dies bedeutet „DEMUT“.

Demut ist der Mut zu Gott. Der Mut zum Leben, der Mut zum Sein ist die Hingabe an Gott und an das Universum. Es ist unser DANKE an Gott, indem wir die Gnade des Lebens annehmen und in Liebe und Freude mit allen Lebewesen teilen.

Wie könnten wir dieses Leben voll ausschöpfen, wenn wir uns nicht selbst in die Mitte, ins Zentrum unseres Lebens, stellten? Wie könnten wir uns demütig in Dankbarkeit verneigen, wenn wir den Mittelpunkt als Machtzentrale betrachten, um andere zu unterwerfen und zu beherrschen? Wir müssen erkennen, dass wir nur dann die Mitte finden, wenn wir das Paradoxe nicht nur erkennen, sondern auch erfüllen. Reiki wirklich eigenverantwortlich zu leben bedeutet daher:

- Bescheiden sein in der Größe
- Tolerant sein im Selbstbewusstsein
- Selbstbestimmt sein in der Güte
- Unbeirrbar sein in der Vielfalt der Versuchungen
- Treu sein in der Weite des offenen Herzens
- Alles in Liebe akzeptieren und dennoch die eigene Wahl treffen
- Vorurteilslos andere Meinungen, Weltanschauungen und Religionen respektieren und dennoch nur der Stimme im eigenen Herzen verpflichtet bleiben
- Frei bleiben in liebevoller Verbundenheit mit der Gemeinschaft

Wir könnten die Liste unendlich fortsetzen. Wichtig ist es zu erkennen, dass der Mittelpunkt des Universums zu sein eigentlich bedeutet, einen unendlich großen Lebensradius überblicken und ausschöpfen zu können. Es bedeutet, den Randbereichen der strengen Bewusstseinsabgrenzungen von gut und böse, erlaubt und nicht erlaubt, gesund und ungesund nicht krampfhaft anzuhaften oder wild um sich schlagend entfliehen zu wollen, sondern gelassen inmitten der Dualität und Polarität des Lebens zu verweilen. Gut und Böse sind relativ wie auch Gesund und Ungesund relativ sind. Es kommt immer auf das Ganze an. Was zu einer bestimmen Zeit an einem bestimmten Ort in einer bestimmten Situation gut ist, kann zu einer anderen Zeit, an einem anderen Ort und unter anderen Bedingungen schlecht sein. Die Wahrheit ist in ihrer Anwendung immer relativ, absolut ist sie nur in Gottes Hand und in der Einheit des ewigen Schweigens. Sobald die Wahrheit durch Worte herbeibemüht wird, ist sie nur noch ein Teilaspekt des Ganzen und somit relativ. Wahrheit vermittelt sich am besten in Gelassenheit. Hitziges vertreten und verteidigen an sich subjektiver Wahrheit führt leicht zur Abspaltung aus der Einheit, gefährdet die Liebe und mündet nicht selten im Unfrieden und im Krieg. Doch Unfrieden und Krieg kommen nicht von außen, sie entstehen in uns, wenn wir uns zu verkrampft nur an einem Teil des Ganzen, unserer sogenannten Wahrheitssicht, verbeißen und den anderen Teil somit als Unwahrheit abspalten. Doch Wahrheit hat nie zwei Teile, sondern ist „EINHEIT“. Wahrheit ist immer im „sowohl als auch“ zu finden und ebenso im „entweder oder“. Wahrheit zeigt sich in der Freiheit, sich selbst entscheiden zu können zu „sowohl als auch“, wie auch zu „entweder oder“ und diese Entscheidungsfreiheit auch anderen zuzugestehen, ohne sie beeinflussen und manipulieren zu wollen. Wahrheit braucht Zeit für Erfahrungen, um sich manifestieren zu können und Wahrheit braucht Gelassenheit.

Diese Gelassenheit ergibt die Möglichkeit, jederzeit genau das aus dem universellen Strom herauszufischen, was gerade jetzt gebraucht wird. Manchmal wird auch etwas, das nicht gesund ist, gebraucht – denken wir an gezielt eingesetzte Gifte, die heilend wirken. Wenn wir Gift generell ablehnen, verbieten und verdammen, wie könnte Gift im Notfall uns heilend dienen?

In der Mitte zu sein, bedeutet, sich seiner Selbst bewusst zu sein, in Verbindung mit dem ewigen Lebenslicht im Herzen. In der Mitte zu sein bedeutet, mit sich selbst und mit dem ganzen Universum in bewusster eigenverantwortlicher Verbindung und Einheit zu sein. Zuallererst lernen wir bei Reiki, uns selbst wahrzunehmen, beginnend mit unserem Körper, indem wir uns selbst die Hände auflegen, den Atem und das eigene Leben in uns wahrnehmen. In der Folge lernen wir uns selbst besser kennen in unseren Gefühlen, Gedanken und Handlungen. Als weitere Folge davon schärft sich unsere Sichtweise für unsere Umgebung und Mitwelt. Wir sehen Dinge, die uns früher nicht aufgefallen sind. Wir sehen das Schöne bewusster, sehen aber auch die kritischen Blickwinkel tiefer ein. Reiki zu praktizieren, wirft manchmal ein starkes Licht auf Randbereiche. Es ist gut, diese zu erkennen, um bewusste Entscheidungen treffen zu können.

Die innere Mitte zu finden, in sich selbst, im Zentrum der eigenen Kraft anzukommen, das sind wesentliche Voraussetzungen, um heil werden zu können. Das Herzzentrum ist unsere spirituelle Mitte, es ist das vierte Chakra von unten (Wurzelchakra, Sakralchakra, Solarplexus, Herzchakra) und es ist das vierte Chakra von oben (Kronenchakra, Drittes Auge, Kehlkopfchakra, Herzchakra). Als die Körpermitte gilt jedoch das Hara. Das Hara ist das körperliche Kraftzentrum und das Zentrum der Ruhe. Es liegt vier Finger breit unter dem Nabel. In der Meditationssitzhaltung wird in allen Yogaschulen großer Wert darauf gelegt, dass wir uns gut im Hara verankern, damit wir in uns im Gleichgewicht sind. Nur wenn wir in uns im Gleichgewicht sind, kann unsere Lebensenergie frei und ungestört fließen.

Niemand
kann mir geben,
was ich in meinem Herzen trage.
Aber manchmal blickt das Auge
des Anderen tiefer in meinen Schatz,
als ich selbst es vermag und ich
ergreife dankbar die Hand,
die mich führt.

Begegnung mit dem Meister

Du kannst den Sinn deines Lebens erst erfassen,
wenn du mit der Kraft verbunden bist,
die dich erschaffen hat.
Shri Mataji Nirmala Devi

Johanne und Werner waren wunderbare Reiki-Lehrer und ich wurde von ihnen in den ersten und zweiten Reiki-Grad eingestimmt. Dann begann die Meisterausbildung. Das Anstreben der eigenen Meisterschaft warf bald manch unangenehme und vor allem viele unbequeme Fragen auf. So weich und so schön, so geborgen ich anfangs in Reiki ruhte, glücklich, zufrieden, an Reiki saugend wie ein Baby an der Brust der Mutter, so widersprüchlich, so holprig und ungemütlich begann mich nun die Energie hin und her zu schupsen. Mal musste ich mir das anschauen und mal jenes, außen und innen, viele Fragen, keine befriedigenden Antworten. Es war eine garstige Zeit und ich selbst war auch oft garstig, ungeduldig, streitbar, voller Zweifel, voller Unsicherheit. Dabei war doch Reiki am Anfang so schön. Schwelgen in der Energie, baden in Liebe, rosarote Zuversicht ... offensichtlich war die Zeit des Reiki-Kuschelns schnell vorbei. Ich dachte, vielleicht ist es wie beim Verliebtsein? Da ist auch am Anfang alles eitel Wonne, siebenter Himmel und dann plötzlich wacht man auf und sieht nur noch Fehler; die eigenen und die des anderen. So ging es mir. Ich selbst genügte mir nicht, war nicht zufrieden mit mir und nicht zufrieden mit anderen. Elke, meine Seelenfreundin, die ich liebte wie eine Schwester, hatte mittlerweile selbst die Einweihung zur Reiki-Meisterin erhalten. Ich erinnere mich noch genau, wie ich damals an einem Vormittag in der Badewanne lag und ihr Anruf kam.

„Ich bin Meisterin, ich kann dich einweihen!“

Mir wäre bald der Hörer ins Wasser gefallen: „So einfach? Einfach so einweihen? Nein, das geht doch nicht. Reiki, das muss man sich doch erarbeiten, hart lernen, steile Stufen gehen, um selbst Meister zu werden.“ Elke lachte, als ich das sagte. Wir waren sehr verbunden, sie kannte mich gut und wusste genau, wo ich stand, auf welcher Wegkreuzung meines Lebens.

„Ich bin für dich da“, sagte sie, „ich bin für dich da, wenn du mich brauchst.“

Ich war drauf und dran zu Phyllis Lei Furumoto zu fahren, sie galt schließlich damals als Großmeisterin, sie ist die Enkeltochter von Hawaio Takata, der wir es zu verdanken haben, dass Reiki zu uns in den Westen kam. Phyllis sollte ja wissen, wie es geht, was richtig ist. Elke, die viel reist und auf großen Konferenzen bei Phyllis war, hatte mir erzählt, dass diese sagte, „Reiki selbst sei der Meister in uns!“

Bald darauf hatte ich einen Traum.

Ich fahre mit der Straßenbahn und suche meinen Reiki-Meister. An einer Station spüre ich, dass ich aussteigen soll. Ich steige aus und wandere einen Weg entlang, der mich zu einem Schuppen führt. In dem Schuppen ist Heu. Es ist halb dunkel und als meine Augen sich daran gewöhnen, erblicke ich einen Mann, der sich bequem in eine Mulde aus Heu gesetzt hat und mich interessiert beobachtet. Ehrfürchtig verneige ich mich und stehe etwas verlegen da.

„Was willst du?", fragt er und seine Augen lachen verschmitzt, so als ob er sich ein bisschen über mich lustig machen würde. Ich erkläre ihm mein Anliegen.

„Soso", sagt er, „du suchst deinen Reiki-Meister?"

Zustimmend nicke ich ihm zu, da wird sein Gesichtsausdruck ernst, er schließt seine Augen. Ich kenne das von den indischen Meistern und gehorsam setze ich mich zur Meditation ihm gegenüber. Nach einiger Zeit öffne ich meine Augen und sehe, dass er einen Apfel schält, in kleine Stücke schneidet und isst. Er bietet mir ein Stück an und ich bin mir nicht sicher, ob es sich geziemt es zu nehmen, greife dann aber zu und beiße hinein. Doch der Apfel ist so gallenbitter, dass ich ihn ausspucken muss.

Da lacht der Mann ein schallendes Gelächter und hält sich den Bauch vor lauter Lachen. Ich entschuldige mich ganz verlegen und frage dann, warum der Apfel so gallenbitter ist, doch offensichtlich nur für mich. Denn der Mann hat ja genussvoll vom selben Apfel gegessen wie ich.

„Der Apfel ist wie Reiki“, sagt er, „für den Einen süß, für den Anderen bitter“. Und er lacht wieder schallend und laut.

Als ich erwachte hatte ich noch das Lachen in den Ohren und den letzten Satz: „Der Apfel ist wie Reiki, für den einen süß für den anderen bitter“.

In den nächsten Tagen grübelte und grübelte ich über die Botschaft des Traumes aber es gelang mir nicht, damit die Frage nach meinem Reiki-Meister zu lösen. Einige Zeit später hatte ich wieder einen Traum.

Ich fahre wieder mit der Straßenbahn, gehe den Feldweg entlang und trete in die Hütte ein. Als sich meine Augen an das fahle Licht gewöhnen, sehe ich zu dem Platz hin, wo der Meister gesessen hat. Doch der Platz ist leer. Als ich genauer hinsehe liegen da ein Apfel und daneben das kleine Klappmesser um ihn zu schälen. Ich meditiere erst, schäle dann behutsam den Apfel, schneide ein Stück ab und beiße sehr vorsichtig hinein. Der Apfel ist süß und saftig. Erstaunt schaue ich auf, suchend tasten meine Augen die ganze Hütte ab. Doch er ist nicht da, auch draußen auf der Wiese sehe ich ihn nicht. Da bedanke ich mich leise, ich beginne die Botschaft zu verstehen und langsam esse ich den Apfel auf und gehe zurück und steige in die Straßenbahn, die mich nach Hause bringt.

Als ich erwachte, war alles klar vor mir. Es war nicht so wichtig, wer mein Reiki-Meister sein würde. Solange ich nach dem perfekten Meister suchen würde, würde der Apfel bitter sein. Wenn ich mich aber ganz auf Reiki konzentrierte, dann würde der Apfel süß sein. Ich begann zu begreifen, dass auch ich nicht ein besserer oder schlechterer Reiki-Meister sein würde als andere, sondern nur jemand, der den Apfel mit seinen Mitmenschen liebevoll teilt.

Ich habe bald darauf entschieden, mich von Elke zur Reiki-Meisterin einweihen zu lassen. Nicht weil Elke eine bessere Meisterin ist als andere. Sondern ganz einfach deshalb, weil Elke und ich sehr tief miteinander verbunden sind und weil sie immer da war für mich und immer noch da ist, wenn ich sie wirklich brauche. Elke hat mir geholfen, die Krusten der Schwere der Verantwortung aufzubrechen und mir gezeigt, dass Verantwortung tragen nicht bitter sein muss, sondern süß und mit Leichtigkeit zu handhaben ist. Einzige Voraussetzung dafür ist das Vertrauen. Und das ist das Wichtigste, was sie mir mitgab auf meinen Weg.

Sie sagte bei der Meistereinweihung:

„Karin, ich übergebe dir jetzt Reiki, das göttliche Licht. Ich vertraue dir, ich anvertraue dir Reiki."

Jetzt,
das ist die Wirklichkeit, die mich trägt.
Jeder Atemzug ist Gegenwart.
Jedes Lachen heilt ein Stück
Vergangenheit und jede
Freudenträne zaubert einen
Morgenstrahl der Hoffnung
in die Wellen des Seins.

Vertrauen

Vertrauen formt sich zur Schale,
in die der universelle Geist sich ergießen kann.
Meister Kuthumi

Auch das Vertrauen hängt eng mit dem Mut zu leben zusammen. Wir erlangen Vertrauen, wenn wir uns getrauen, die Grenzen auszuloten. Wenn ich es mir zutraue, über den Graben zu springen und sicher und unbeschadet auf der anderen Seite des Abgrundes angekommen bin, dann hat sich mein Vertauen in meine eigene Fähigkeit als richtig erwiesen und mein Selbstvertrauen wird gestärkt. Ein altes Sprichwort lautet:

„Wer nicht wagt, gewinnt nicht!“ Das stimmt und ich möchte ergänzen: „Wer nicht bereit ist, Mut aufzubringen, wird nie vertrauen können.“

Ich habe einmal einen Vortrag von Peter Wenzel gehört. Er sprach über die Kraft des Glaubens und des Vertrauens in Gott. Er sagte: „So sehr Sie sich bemühen, an Gott zu glauben, ihr Glaube wird erst dann die nötige Stärke haben, wenn Sie einen Beweis bekommen haben, dass Sie Gott auch tatsächlich vertrauen können. Um diesen Beweis zu bekommen, müssen Sie es wagen, in die Arme Gottes zu springen, damit Sie das Glück erleben können, tatsächlich aufgefangen zu werden."

Es hat mich sehr berührt, als er sagte: „Der erste Sprung ist der schwerste, das erste Mal aufgefangen werden, das Schönste!" Aber um wirklich springen zu können, müssen wir auch klären, was ist Gottes Anteil an unserem Leben und was ist unser eigener Anteil und unsere eigene Verantwortung.

Mut aufzubringen bedeutet, sich bewusst zu sein, dass man in seinem Vorhaben scheitern kann. Manche Menschen sind so unbedacht und riskieren vollkommen unüberlegt Kopf und Kragen. Das ist Dummheit und hat mit Mut wenig zu tun. Mut bedeutet, sich seiner Grenzen bewusst zu sein und es zu wagen, an diese Grenzen heranzugehen, um sie nach und nach zu erweitern. Das erfordert Konzentration, Kraft und auch Training. Denke an den Sport. Jeder Sportler muss üben, trainieren, sowohl körperlich als auch mental.

Auch bei Reiki ist es so. Manche Menschen glauben „Reiki wird mich schon führen". Sie kündigen ihren Job, verlassen ihren Mann und rennen mit einem Kopf voller Illusionen durch die Gegend. Sie wissen überhaupt nicht, was sie wollen, haben keine vernünftige Basis, weil sie zu wenig gelernt haben und nichts können, haben kein Pflichtgefühl, keine Selbsteinschätzung und warten auf die große Berufung – doch was sie hören, ist nur der Lärm der Welt. All das hat mit Vertrauen nichts zu tun. Gott hat uns die Freiheit in die Wiege gelegt, unser Leben selbstverantwortlich zu gestalten. Es liegt also an uns, was wir aus unserem Leben machen. Die beste Basis, um aus dem Leben etwas Brillantes zu machen, ist möglichst viel zu lernen. Bildung ist ein hohes ethisches Gut, das uns immer weiterhelfen wird im Leben. Bildung braucht Ganzheitlichkeit, also müssen wir das Praktische genauso lernen, wie das Theoretische, die Naturwissenschaften genauso studieren, wie die Geisteswissenschaften. Zu starke Fachspezifizierung, die keinen Blick mehr für die Ganzheit zulässt, sondern sich nur noch einseitig im Detail verliert, ist nicht förderlich. Das gilt für jede Art von Bildung, auch für Spiritualität. Wer sich nur noch mit dem Geist beschäftigt, die eigenen Kinder hungern lässt und die Zimmerpflanzen verdursten, den Körper vernachlässigt, ist weit entfernt von der Liebe und der Erleuchtung. Wer glaubt, Meditation oder die Reiki-Raumheilung ersetze Boden aufwischen und Bad sauber machen, der ist ebenso auf dem Holzweg, wie ein Mediziner, der glaubt, nur mit dem Skalpell den Menschen heilen zu können oder einer, der glaubt, Handauflegen genüge – danach darf wieder geraucht, getrunken und die Gesundheit missachtet werden.

Auf Reiki vertrauen dürfen wir da, wo wir etwas bewusst in die Hand genommen haben, mit dem Bemühen unser Bestes zu geben. Aber was wir in die Hand nehmen, um es zu gestalten, zu formen, zu entwickeln, das unterliegt unserer persönlichen Wahl und unserer freien Entscheidung. Reiki zwingt dich zu nichts und schiebt dich nirgends hinein. Vielleicht behandelst du einen Menschen oder du malst ein Bild, deine Hand führt einen Laserstrahl, bedient ein Gerät oder deine Hand lenkt ein Lastauto, pflückt Äpfel vom Baum, putzt Gemüse oder wickelt ein Kind. Du musst verstehen lernen, dass „gerufen werden“ und sich bewusst „zur Verfügung zu stellen“ untrennbar miteinander verbunden sind. Es braucht eine gute berufliche, charakterliche und spirituelle Ausbildung, um die Bereitschaft zu echter Berufung entwickeln zu können. Auch mit Reiki ist es wichtig, dich nicht einfach in den Tag hinein treiben zu lassen, sondern dir Ziele zu setzen und Pläne zu schmieden. Reiki wird dir Wege weisen, deine Ziele und Pläne erfolgreich zu realisieren und dich vielleicht auch weit über dein Ziel hinausführen. In Reiki zu vertrauen, bedeutet daher, in dich selbst gleichermaßen zu vertrauen wie in die universelle Energie. Du und die universelle Energie sind ja auch alleins. Du bist geschaffen aus universeller Energie.

Um universelle Energie verstehen zu lernen, musst du gleichermaßen dich selbst erkunden und dich fragen, woher du kommst, wie du auch das Geheimnis deines Schöpfers erkunden sollst, um zur Quelle deines Lebens eine bewusste Beziehung aufzubauen. Sobald diese Beziehung zu Gott eine gewisse Tragfähigkeit erlangt hat, nennen wir dies „Glauben“. Den Glauben zu stärken, bedeutet an der Beziehung zu Gott „arbeiten“, sie vertiefen. Genau wie eine gute zwischenmenschliche Beziehung gepflegt werden sollte, muss auch die Beziehung zu Gott gepflegt werden und bedarf der bewussten Gestaltung: Reiki, Gebet, Meditation, Gottesdienst – also Dienst in, für, durch und mit Gott!

Du musst aber auch erforschen, wer du bist, was du kannst

und solltest immer bereit sein dazuzulernen, um deine Fähigkeiten weiter auszubauen. Nur wer viel gelernt hat, ein gutes Handwerkszeug mitbringt, der wird auch gerufen werden, um schwierige Aufgaben zu erfüllen. Wie sollte Gott dich zu einem Berufenen machen, wenn du nichts gelernt hast und nichts kannst? Vertrauen bedeutet, im Geben und Nehmen einen aktiven Lebensweg des Lernens und der Freude zu gehen. Im Hier und Jetzt achtsam sein, dann formst du dich selbst zur Schale, in die der universelle Geist einfließen kann.

Sobald du Vertrauen in deinen eigenen göttlichen Funken, Vertrauen in dich selbst und dein Höheres Selbst aufgebaut hast, dein Ego gezähmt ist und in Harmonie und Demut mit dem kosmischen Gesetz und universellen Willen schwingt, werden auch deine Beziehung zu Gott und dein Glaube stark werden. Dann ist es an der Zeit, dein Vertrauen auszudehnen auf alle anderen Menschen. Es bedeutet dies, dem göttlichen Licht im anderen Menschen mit Achtsamkeit, Respekt und Liebe zu begegnen und darauf zu vertrauen, dass dieses göttliche Licht sich auch im anderen Menschen ausdehnen und wachsen wird, in der für diesen Menschen angebrachten Zeit. Diese Geisteshaltung, die du somit anderen Menschen entgegenbringst, ist sehr förderlich für das spirituelle Wachstum anderer Menschen. Vertrauen ist eine aufbauende und vereinende Kraft. Misstrauen hingegen ist eine abziehende und trennende Kraft. Dies bedeutet aber nicht, dass du anderen Menschen blind vertrauen sollst. Wenn mir jemand vorflunkert, er könne mir um 10.000 Euro ein super Haus bauen, wenn ich ihm die 10.000 Euro sofort gebe, damit er das Nötige veranlassen kann, so werde ich ihm keine 10.000 Euro anvertrauen, sondern mich einfach abwenden. Sehr wohl aber werde ich diesem Menschen von meinem Herzen zu seinem Herzen einen aufrichtigen Gottesgruß schenken, mit dem Vertrauen, dass auch dieser Mensch irgendwann erkennen wird, dass Betrug und Bauernfängerei letztendlich immer ihm selbst am meisten schaden. Ich werde also durch das Reiki-Licht den göttlichen Funken in seinem Herzen stärken und gleichzeitig ihm eine Grenze, eine Schranke, für sein unehrliches Tun setzen.

Viele Menschen werfen leider alles in einen Topf. Wer mit Energien, mit Licht und Reiki arbeitet, muss aber lernen, die verschiedenen Ebenen voneinander zu unterscheiden. Das kann bedeuten, dass man ein strenges und klares „NEIN“ laut ausspricht und sich im Alltag abgrenzt, aber dennoch auf der inneren Ebene die Energie des Vertrauens vom göttlichen Funken des eigenen Herzens zum göttlichen Funken im Herzen des anderen Menschen aufrecht erhält. Es bedeutet: „Ich ehre dich, ich achte dich, ich vertraue auf das göttliche Licht in dir!“

Nage nicht an deinen Zweifeln.
Sie helfen dir, die Wahrheit zu finden.
Begegne dir selbst mit Zärtlichkeit,
alles ist gut, so wie es ist
und wie immer du dich entscheidest,
du lernst daraus.

Der Zweifel

Scheide die Erde vom Feuer,
das Dünne oder Zarte vom Zähen oder Groben,
lieblich mit großem Verstande und mit Vorsichtigkeit.
Hermes Trismegistos

Zweifel, das ist das Hin- und Hergerissen sein zwischen den zwei „Fällen“, zwischen den Ufern des Lebensstromes: plus und minus, männlich und weiblich, hell und dunkel, gut und schlecht. Es gibt kein Leben, ohne dem Zweifel zu begegnen, denn der Zweifel gehört zum Lebensstrom, wie das Ufer zum Fluss. Der Zweifel bringt uns in Wahrheit vorwärts, er treibt uns an genauer hinzuschauen, in die Tiefe zu gehen und nach Erkenntnis zu ringen. Zweifel lehrt uns, die Ebenen zu unterscheiden, also Unterscheidungsvermögen, Selbst- sowie Fremdeinschätzung und ein gutes Maß für das Machbare, die Notwendigkeit der Stimmigkeit, von Zeit und Ort zu erlangen. Der Zweifel ist oft die wertvolle Trittstufe, die uns zu Vertrauen und Glauben hinführt. Die Schriften Hermes Trismegistos haben mich von meiner Schulzeit an fasziniert, wie auch die Philosophie der großen Griechen, beispielsweise Sokrates und Platon, oder die der Chinesen, beispielsweise Konfuzius und Laotse, und die Offenbarungen in den Veden, Shruti (das von Gott Gehörte), das von den Rishis (den Weisen) in Texten überliefert wird. Unabhängig davon in welche Weltkultur wir tiefer hineinblicken, in welche Philosophie oder Religion, in der Essenz alten und neuen Wissens begegnen wir immer den gleichen Urbausteinen kosmischer Wahrheit. Die Naturwissenschaft wird getragen von geisteswissenschaftlichen Erkenntnissen. Die Lehren der Mathematik, Physik, Biologie, Medizin, usw. gehen aus dem Gedankengut der Kosmologie und Metaphysik hervor. Gehen wir in der Menschheitsgeschichte weit genug zurück, so finden wir die ewigen Gesetze des Geistes, die immer wirken, ganz gleichgültig, ob wir uns dessen bewusst sind oder ob wir sie vergessen haben. Die geistigen Gesetze des Kosmos wiederzufinden, sie bewusst zu ergründen und verstehen zu lernen, gibt uns genau den „großen Verstand", also das große Verständnis von dem Hermes Trismegistos spricht, mit dem wir in aller Lieblichkeit die Polarität vereinen können, um ganz und heil, ja heilig, zu sein. Für alle tief forschenden Leser sei mir hier erlaubt, einen Querverweis zu meinem Buch „Friede sei mit mir, Lichtorden Erzengel Hanael im Dienste der Menschheit" einzufügen. In diesem Buch erkläre ich den kosmischen Aufbau aus den zwölf Strahlen Gottes heraus und in meinem Buch „Intuitives Reiki Licht-Management" findet der interessierte Leser den Zusammenhang zwischen der Entstehung der Elemente (der Atome und Moleküle) mit den Reiki-Symbolen. Bei aller Philosophie, bei aller Suche nach der Wahrheit habe ich im Laufe der Jahre viele große philosophische Denkbausteine gefunden, um meine Zweifel überwinden zu lernen und immer wieder in die Mitte meines Lebensstromes zu gelangen. Dennoch hat mir sehr lange etwas gefehlt, nämlich die Lieblichkeit von der Hermes Trismegistos spricht:

„Scheide die Erde vom Feuer, das Dünne oder Zarte vom Zähen oder Groben, lieblich mit großem Verstande und mit Vorsichtigkeit; von der Erde (Materie) steigt es auf in den Himmel (in das Licht, in das Feuer Gottes, den ewigen Geist) und steigt wieder herab zu der Erde und nimmt an sich die Kraft der Dinge, die oben sind und der Dinge, die unten sind. Auf diese Art wirst du die Ehre der ganzen Welt empfangen und alle Finsternis wird von dir weichen.

Es ist wahr ohne Lügen, gewiss und wahrhaftig.

Was oben ist, ist wie das, das hierunten ist und was hierunten ist, ist wie das, was dort oben ist, auszurichten die Wunder eines EINIGEN Dinges."

Erst als ich in den ersten Reiki Grad eingeweiht wurde und die Wärme, die sanfte Kraft meiner Hände so stark fühlte, da begann ich zu begreifen, dass aller Verstand, alles Wissen, alle Intelligenz nichts nützt, wenn Verstand und Wissen nicht begleiten und geführt sind durch die Liebe der Energie. Und diese Liebe der Energie, diese Lieblichkeit, habe ich für mich in Reiki gefunden. Es hilft mir mit großer Vorsicht und Behutsamkeit,

Erde (Materie) von Feuer (Geist) zu trennen, um die Harmonie im Fluss wieder herzustellen und Gestrandeten zu beiden Seiten der Ufer zu helfen, ihr gekentertes Schiff wieder klar zu bekommen. Dann ist der Zweifel überwunden und Einheit in der Mitte neu ausgelotet worden.

Zweifle, hinterfrage, beobachte, schwimme links und rechts ans Ufer heran, tauche in die Tiefe, blicke in die Höhe, gehe mit den Stromschnellen oder auch mal dagegen! Alles ist gut. Es hilft dir und dient dir, den Fluss deines Lebens zu ergründen, um herauszufinden, wer du bist, woher du kommst und wohin du gehst. Aber verbeiße dich nicht zu sehr in deinen Zweifel, strande nicht zu lange an einem der Ufer, sondern lasse gelegentlich einfach los, damit die Liebe des Universums dich weitertragen kann.

Die geistigen Gesetze im Universum:

- Alles ist geistigen Ursprungs
- Alle Ebenen des Seins sind miteinander verbunden
- Alles bewegt sich und ist in Schwingung
- Alles hat zwei Pole, die trotz aller Gegensätzlichkeit untrennbar zusammen gehören
- Jede Veränderung in der Natur folgt einem Rhythmus, der abwechselnd steigend und fallend ist
- Alles beruht auf einer Ursache und zieht eine Wirkung nach sich
- Alles ist durchdrungen von aktiven (männlichen) und passiven (weiblichen) Energien

Die einzige Beständigkeit
ist die Wandlung.
Wie verrückt dir das Leben auch erscheint,
denke immer daran,
nichts bleibt wie es ist,
alles verändert sich.
Vertraue auf die Königin und
auf den König in dir.

Die Frau, die den kranken König heilte
Maltesisches Märchen

Einst konnte man eine verzweifelte Frau in der Nähe ihrer Feldhütte erblicken, wie sie schrie und weinte und sich dabei am Boden wälzte. Neben ihr lag das sterbende Maultier, das der Frau gehörte. Ach und an versuchte das Tier, sich empor zu richten - aber stets fiel es wieder kraftlos nieder. Seine Besitzerin war sehr verzweifelt, denn es war ihr einziges Tier und durch seine wertvolle Arbeit verdiente sie täglich einen Mundvoll Brot!

Plötzlich kam der König vorbei und sah die schreiende Frau. Er hatte die Liebhaberei, mit einfachen Leuten seinen Spaß zu treiben und sie dann weidlich auszulachen. So ritt er auf die Weinende zu und fragte: »Frau, warum raufst du dir die Haare aus und warum zerreißt du deine Kleider?«

»O Unglück, o Unglück! Mein Maultier wird in Kürze verenden und ich verliere mein tägliches Brot!«

»Hab keine Angst! Ich kenne ein Mittel, das Tier zu retten!«

Die Frau wurde wieder froh und bat den König, ihr doch das Mittel zu nennen. Dieser sprach: »Entkleide dich vollständig und sieh ja darauf, dass du nicht mehr Kleider auf dir trägst, als dir der Schöpfer bei deiner Erschaffung verliehen hat! Dann musst du dreißigmal um das kranke Tier herumlaufen und dabei den Zauberspruch sagen: Drei Maultierskräfte, drei menschliche Dummheiten und drei geschmorte Würmer! Rühr alles zusammen und nimm es ein! Dein Maultier wird ganz sicher durch dieses Tun geheilt!«

Die Frau wartete nicht lange, sondern begann sogleich sich zu entkleiden und um das Tier herumzulaufen. Das Maultier hatte noch nie dergleichen gesehen und darum sprang es, laut brüllend, in die Höhe und - wurde gesund! Die Frau war ganz fassungslos vor Freude und wusste sich gar nicht zu beruhigen. Der König aber hatte sich etwas abseits aufgestellt, um das Ergebnis seiner Anordnung zu sehen; er lachte aus Leibeskräften, als er das gesunde Tier sah und die dumme Frau, und ritt dann heim.

Nach etlichen Jahren wurde der König sehr krank. Er bekam ein großes Geschwür im Hals und die Ärzte wussten keine Hilfe. Das Geschwür war sehr hart und fest und binnen weniger Tage würde der arme König wohl verdursten und verhungern. Das ganze Land war in Trauer. Alle hätten dem König gar zu gern Hilfe geleistet, um ihn zu retten. Auch die arme Landfrau hörte diese traurige Geschichte und sie nahm sich vor, dem König ihre Dankbarkeit zu bezeugen.

Sie machte sich also auf und kam vor den Toren des Palastes an. Durch eine List verschaffte sie sich Zutritt zum Zimmer des Königs. Neben dem Schmerzenslager des Herrschers standen viele große Herren und auch Geistliche waren dort zu erbli-

cken, weil der König sein Testament machen wollte. Alle diese Herren zogen sich jetzt auf einmal in eine Ecke zurück, denn die Frau ließ in der Mitte des Zimmers ihre Kleidung fallen und fing an, wie besessen um das Bett herumzulaufen und dabei zu schreien: »Drei Maultierskräfte, drei menschliche Dummheiten und drei geschmorte Würmer. Rühr alles zusammen und nimm es ein!«

Da erinnerte sich der König des Scherzes, den er sich einmal mit der armen Frau erlaubt hatte und musste jetzt, da er diese so verrückt um sein Bett herumlaufen sah, so laut lachen, dass sein ganzer Körper erzitterte und erschütterte. Plötzlich lief ihm Eiter und Blut aus dem Munde und die Ärzte sahen, dass die Lebensgefahr für ihn beseitigt war, da durch das den ganzen Körper erschütternde Lachen das Geschwür aufgebrochen war. Die Frau rief jetzt: »Seht ihr's? Der König selber hat mir einmal dieses seltsame, gute Mittel geraten und nicht nur mein Maultier, nein, auch er selber wurde dadurch geheilt!«

Der König sprach hierauf: »Frau, bleib hier. In meinem Palast wirst du immer einen Mundvoll Brot finden!«

Sie aber antwortete: »Nein, es kann nicht sein!« Damit ging sie wieder fort, zurück aufs Land und in ihr hartes, aber selbstbestimmtes Leben.

Von Uranbeginn aller Zeiten haben Kinder – große und kleine Kinder - Märchen geliebt. Märchen sprechen nicht mit analytischem Verstand zu uns, nein, sie zeigen uns Bilder, die das Herz aufnehmen kann und sie bringen uns in Berührung mit dem geheimnisvollen Unsichtbaren, mit dem Geist und der Weisheit, die in allen Dingen verborgen liegen. Märchen vermitteln nicht Wissen, wie Fachbücher es tun, Märchen vermitteln Weisheit, die Weisheit des Lebens. Mit Reiki ist es ebenso. Reiki spricht nicht mit analytischem Verstand zu uns. Reiki zeigt uns Bilder, Bilder, die das Herz aufnehmen kann und Reiki bringt uns in Berührung mit dem geheimnisvollen Unsichtbaren, dem Geist und der Weisheit die allen Dingen und Lebewesen innewohnen.

Das Märchen von der Frau, die den König heilte, bringt uns wertvolle Botschaften. In ihrer größten Verzweiflung und Existenzangst erlaubt sich der König einen Spaß mit ihr. Die Frau – Frauen können das – hinterfragt nicht mit analytischem Verstand das Ritual, das der König sie lehrt, nein, vollkommen naiv und ohne zu überlegen, was es bringen kann, lässt sie sich sogleich darauf ein. Sie wirft ihre Kleider ab – das heißt sie entledigt sich aller Dogmen, aller Glaubenssätze und aller Tabus, sie legt alles ab, bis sie so rein dasteht, wie Gott sie geschaffen hat. Dann tanzt sie voller Freude ausgelassen um ihr Maultier – ein Symbol für die Tragfähigkeit ihrer Existenz. Augenblicklich hat sie ihre Verzweiflung vergessen – sie kann ihre Verzweiflung loslassen und gibt sich dem reinen Sein hin. Dabei plappert sie den Spruch des Königs einfach nach, der oberflächlich betrachtet keinen Sinn enthält, dennoch Symbolkraft hat. Die Kraft des Tuns ist es, das Aktivieren der Hoffnung und des unsichtbaren Geistes, der die Frau und das Maultier mit frischer Energie erfüllt und gesunden lässt. Drei Maultierkräfte, drei menschliche Dummheiten und drei geschmorte Würmer soll sie einnehmen. Maultierkraft steht für Existenzkraft, drei Dummheiten einnehmen, bedeutet aus der Projektion herausgehen, dass die anderen schuld sind und drei geschmorte Würmer, naja, da ist dem König wohl nichts Besseres eingefallen in seinem Übermut. Jedoch vielleicht waren es gerade die drei Würmer, der Hohn, die Unmäßigkeit und die königliche Überheblichkeit, die ihn schmoren ließen und krank werden ließen und Eiterbeulen hervorriefen. Aber die Frau ist dankbar und naiv, ohne jeden Argwohn, selbst verhöhnt, verlacht oder verspottet zu werden, eilt sie in den Palast, bereit sich völlig zu entblößen und dem König zu helfen. Der König erkennt ihre Dankbarkeit, erkennt seine Neigung zum Hochmut und andere zu verhöhnen und kann nun seinerseits erleichtert die Krankheit abwerfen, das Eiter ausfließen lassen und gesunden. Er bietet der Frau Almosen an, sie aber wählt die Freiheit und Selbstbestimmtheit.

Danke, dass es dich gibt,
danke, dass es mich gibt,
danke, dass es uns gibt!
Ist es nicht wunderbar,
eine große Familie zu sein?
Wie ein Baum mit vielen Ästen
und bunten Blättern, fest verwurzelt
im Himmel und in der Erde.

Dankbarkeit heilt

Vollkommenheit schließt alles Unvollkommene mit ein.
Dankbarkeit heilt.
Meister Kuthumi

Durch Franz von Assisi wurde mir das Bewusstsein „Urteile nie!“ entgegengebracht. Auf meinem Reiki-Weg habe ich mehr und mehr gelernt, was es bedeutet, diese Weisheit tatsächlich zu leben. Usui Sensei bringt uns diese Einstellung durch die fünfte Lebenshilfe nahe, die lautet: „Sei dankbar für alles, was lebt.“

Wenn wir diesen Satz ernst nehmen, werden wir erkennen, dass die Dankbarkeit für alles, was lebt, Urteil nicht ermöglicht, denn Dankbarkeit verwandelt und transformiert Negativität augenblicklich in Frieden. Dankbarkeit heilt und vereint, Urteil trennt und entzweit. Wo immer wir Negativität begegnen, erklingt auch der Schrei nach Heilung, denn schauen wir genauer hin, dann erkennen wir, dass Negativität immer mit einem Mangel verbunden ist, dass etwas vermisst wird, was gebraucht werden würde. Heilung bedeutet daher einzubringen, was vermisst worden ist. Heilung bedeutet Ergänzung, ganz machen.

- Wo Hass ist, wird Liebe vermisst
- Wo Kränkung schmerzt, wird Versöhnung vermisst
- Wo Zwietracht herrscht, wird Einigkeit vermisst
- Wo Zweifel quält, wird Glaube vermisst
- Wo Irrtum sich ausbreitet, wird Wahrheit vermisst
- Wo Verzweiflung droht, wird Hoffnung vermisst
- Wo Traurigkeit ist, wird Freude vermisst
- Wo Finsternis waltet, wird Licht vermisst

Wenn wir Hass verurteilen, gewinnen wir Liebe nicht. Wo wir Kränkung bestrafen, gewinnen wir Versöhnung nicht. Solange wir kämpfen, entzieht sich uns der Friede. Wenn wir den Irrtum ausradieren, bedeutet es nicht, dass wir die Wahrheit und die richtige Erkenntnis bereits gefunden haben. Wenn wir die Fehler der anderen Menschen anprangern, bedeutet es nicht, dass wir selbst das Richtige tun. Solange wir mit der Hölle drohen, werden wir das Paradies nicht finden. Das heißt, solange wir nur einen Pol anerkennen und den anderen verurteilen und ausschließen, werden wir keine Heilung erleben. Sobald wir aber Dankbarkeit für alles, was lebt empfinden können, können wir auch einen Menschen, der gerade negative Schwingung ausdrückt, in Dankbarkeit segnen. Wir erkennen, dass die einzige Möglichkeit, einem negativ gepolten Menschen in Dankbarkeit zu begegnen, die sein wird, ihm Heilung zu wünschen und ihn gut zu behandeln. Dankbarkeit erzeugt Heilung und Frieden. Franz von Assisi drückt dies in seinem Friedens-Gebet aus:

Herr (Erhabene und Erhabener),
mache mich zum Werkzeug deines Friedens:
Dass ich Liebe bringe, wo man sich hasst.
Dass ich Versöhnung bringe, wo man sich kränkt.
Dass ich Einigkeit bringe, wo Zwietracht ist.
Dass ich den Glauben bringe, wo Zweifel quält.
Dass ich die Wahrheit bringe, wo Irrtum herrscht.
Dass ich die Hoffnung bringe, wo Verzweiflung droht.
Dass ich die Freude bringe, wo Traurigkeit ist.
Dass ich das Licht bringe, wo Finsternis waltet.

O Meister (und Meisterin),
hilf mir, dass ich nicht danach verlange:
Getröstet zu werden, sondern zu trösten.
Verstanden zu werden, sondern zu verstehen.
Geliebt zu werden, sondern zu lieben.

Denn:
Wer gibt, der empfängt.
Wer verzeiht, dem wird verziehen.
Wer stirbt, der wird zum ewigen Leben geboren.
Amen.

Die Brücke zwischen westlichem, christlich spirituellem Gedankengut und östlichem, buddhistischem Gedankengut sollten wir immer wieder herstellen, wenn wir Reiki ganzheitlich lehren und leben wollen. Dankbarkeit füllt allen Mangel auf mit der benötigten Ergänzung. So funktioniert Reiki-Heilung. Das, was schlecht ist, wird nicht bekämpft, sondern es wird in einem Prozess der Heilung ausgeglichen und ergänzt. So kann das, was geteilt war, ganz und heil gemacht werden.

Schon bei der Einweihung erlebst du, durch das bewusste Zusammenlegen der Hände vor deinem Herzen, dass Reiki ein Weg in die Einheit ist. Die japanische Gasho-Haltung mit vor dem Herzen gefalteten Händen, entspricht unserer Gebetshaltung. Das Zusammenlegen der Hände vor dem Herzen bedeutet, dass der Kreis sich schließt. Links und rechts, männlich, weiblich, gut und schlecht, die Polarität wird in die Einheit gehoben. Das ist die Bedeutung dieser Handhaltung und das ist auch das Wesen von Reiki. Krankheit, Negativität, Mangel usw. werden nicht bekämpft, sondern angenommen, durch das Fehlende ergänzt und so geheilt.

Es kann durchaus sein, dass jemand, der immer sehr geduldig war, immer alles geschluckt hat, plötzlich ungeduldig wird und sich verteidigt. Dieser Ausgleich ist zur Heilung ebenso wichtig, wie der Ausgleich, den ein gestresster und aggressiver Mensch erlebt, wenn ihm Entspannung und Beruhigung angeboten werden. Reiki braucht Zeit, Kontinuität und Rhythmus, um wirken zu können und um anhaltende Heilung zu bringen und es bedarf wohl auch bewusster eigenverantwortlicher Bemühung. Die Basis unserer Gesundheit ist sowohl ein achtsamer Umgang mit unserem Körper und seiner Ernährung als auch eine gute charakterliche Weiterentwicklung, die unsere Gesundheit fördert. Durch schlechte charakterliche Eigenschaften betreiben Menschen ebenso Raubbau an ihrer Lebensenergie, wie durch körperliche Vernachlässigung. Reiki ist eine Hilfe für den Weg, nicht aber ein automatischer Aufzug. Reiki funktioniert nicht durch Knopfdruck, sondern nur durch liebevolles, geduldiges Handauflegen und durch eigenverantwortliche Bemühung um Gesundheit und durch ein Leben im Einklang mit der universellen Ethik.

Es mag dir schwerfallen zu verstehen, dass alles, was in deinem Leben geschieht, dir begegnet, dir in Wirklichkeit dient. Aber es ist so. Sei dankbar für alles. Sei dankbar!

Gerade Heute
öffnet sich ein Tor für dich,
sei still und klar in deinem Herzen.
Ist deine Absicht rein,
wirst du allzeit willkommen sein.

Klarheit

Das Schlimme ist, dass wir Menschen eine Trennung machen, wo es in Wirklichkeit keine gibt.
Baird Spalding

Eine der interessantesten Erfahrungen, die ich nach der Reiki-Einweihung machte, war die Erfahrung der Erkenntnis der Notwendigkeit meiner inneren Klarheit. Der Weg Gott zu entdecken, in sich selbst und in jedem anderen Menschen, ja im kleinsten lebendigen Baustein wie auch im großen Universum der Einheit, bedarf der Entwicklung des eigenen Willens und der eigenen Schöpferkraft. Wir selbst bestimmen den Weg und wir selbst sind es, die wir uns die Stufen der Himmelsleiter erschaffen müssen, um aufsteigen zu können. Es mag ja sein, dass liebende Begleiter und Lehrer uns manche Stufe zeigen, das Trittbrett halten, obwohl Verwirklichung jeder für sich selbst erlangen muss. Dazu braucht es vollkommen klare Ausrichtung in den Gedanken, in den Gefühlen, in den inneren Bildern und in unserem Willen.

Wer den Gipfel bezwingen will, der darf sein Ziel nicht aus den Augen lassen. Die meisten Menschen tun aber genau das immer wieder. Sie sind unklar in ihren Gedanken, in ihren Worten und Taten. Sie suchen beispielsweise Gott, die Liebe, die Einheit, aber sie beschäftigen sich wenig mit Gott, dafür aber sehr viel mit all dem, was sie von Gott trennt: der Sünde, dem Teufel, dem Verbotenen, den in ihren Augen „falschen Religionen". Auch in Reiki-Kreisen gibt es das. Es gibt Lehrer, die viel darüber reden was NICHT Reiki ist, was NICHT zur Reiki-Tradition gehört und wer NICHT Reiki-Meister ist in ihren Augen. Das ist vollkommen unnütz. Es schafft Trennungen, wo keine sind und es zieht genau in die entgegengesetzte Richtung, nämlich dahin, wo sie eigentlich gar nicht hinwollen, in die Getrenntheit statt in die Einheit, in den Zwist statt in die allumfassende Liebe.

Auch Menschen, die Gesundheit und Heilung erlangen wollen, müssen Klarheit trainieren. Viele Menschen wollen gesund werden. Sie beschäftigen sich aber nahezu ausschließlich mit Krankheit. Oder viele Menschen sehnen sich nach Glück, nach Freude, nach Liebe und Frieden aber sie beschäftigen sich tagtäglich nur mit all dem Leid, dem Wahnsinn, der Gewalt und dem Krieg. Viele Menschen wollen ein schönes Haus aber sie ärgern sich nur über die hohen Preise und beschäftigen sich nicht damit, wie sie zu einem Haus kommen könnten. Menschen wollen eine Gehaltserhöhung aber das sagen sie nicht zu ihrem Chef, sondern sie jammern nur, dass sie zu wenig Geld haben. Geh hin zu deinem Chef und frag ihn, was du tun sollst, um mehr Geld zu verdienen. Wenn er ein guter Chef ist, wird er es dir sagen und dich vielleicht in eine Fortbildung schicken! Geh hin zu Gott und frag was du tun sollst, damit es dir besser geht, du wirst eine

Antwort bekommen und es wird dir gezeigt, was du noch lernen musst. Wer mit Reiki arbeitet, sich die Hände auflegt, mit den Reiki-Symbolen seine Lebensthemen in die Hand nimmt, der stellt diese Frage dem Universum und bekommt die Chance, in seinem Denken, Sprechen und Tun „klar Schiff" zu machen. Reiki richtet uns aus, weist uns in die richtige Richtung mit Blick auf unser Ziel! Dann liegt es an uns, auch unser Denken, alles, was wir sagen in diese Richtung hin zu orientieren. So haben wir Erfolg. Es gibt aber Menschen, die legen sich zwar die Hände auf, arbeiten dann aber konsequent gegen den Strom der Heilung, indem sie negativ denken, kontraproduktiv sprechen und Zweifel und Misstrauen immer wieder vor sich hinstellen.

Jesus hat etwas sehr Wichtiges gesagt. Er sagte: „Gehe hinter mich, *Satan!*" Modern ausgedrückt heißt das. „Geh hinter mich, Begrenzung, Verführung und Unklarheit." Jesus wollte uns damit sagen, dass wir die Begrenzung, die Verführung, die Unklarheit hinter uns lassen dürfen und den Blick immer in Richtung Gott, Licht, Liebe und Vollkommenheit richten sollten.

Es bedeutet nicht, eine rosarote Brille aufzuhaben und das Leid der Welt nicht zu sehen, nein, es bedeutet, die Verantwortung dafür zu übernehmen, jener Mensch unter den sechseinhalb Milliarden Menschen zu sein, der damit beginnt, der Liebe und dem Frieden auf Erden durch klare Ausrichtung eine reale Chance zu geben. Nicht gegen den Krieg, sondern für den Frieden zu sein. Nicht gegen die Abholzung der Regenwälder, sondern für deren Erhaltung und für die Aufforstung der Steppe. Nicht gegen die Krankheit, sondern für deine Gesundheit. Nicht gegen das Ungeziefer, sondern für die universelle Harmonie in der Natur und im gesamten Kosmos.

Klarheit bedeutet alles wahrzunehmen, so wie es tatsächlich ist. Das Gute erkennen und vom Schlechten unterscheiden lernen, um sich augenblicklich in Richtung „Gutes“ auszurichten. Genau das gibt uns die Chance, direkt auf das Ziel und die Lösung zuzugehen. Den Umweg über die Negativität können wir uns ersparen, wenn wir klar und achtsam sind.

Wir brauchen Klarheit in unseren Gedanken, Klarheit in unseren Worten und Taten und in unseren Gefühlen. Denn wir kreieren uns unser Schicksal selbst.

Unklarheit erschafft eine Trennungslinie zwischen dir und dem, was du in Wirklichkeit willst. Du willst auf Urlaub fliegen und sagst: „Hoffentlich verpasse ich das Flugzeug nicht. Hoffentlich ist das Hotelbett nicht zu durchgelegen. Hoffentlich ist das Wetter nicht schlecht. Hoffentlich gibt es keinen Stau auf der Straße ...“ Lauter Trennlinien. Du setzt die Hoffnung in Verbindung mit all dem, was du nicht brauchst und nicht willst. So erzeugst du ein unklares energetisches Schwingungsmuster, das dir dein Vorwärtskommen erschwert.

Erzeuge förderliche energetische Schwingungsmuster in dir und um dich, indem du klar und deutlich denkst, sagst und tust, was du wirklich anstrebst und willst.

Klarheit ist eine innere Geisteshaltung und Ausrichtung, die wir uns erarbeiten müssen. Es erfordert Training, Achtsamkeit und waches Bewusstsein. Eine gesunde Ernährung, der Verzicht auf Suchtmittel und auch die Wahl von Freunden, die dich in diesem Wandlungsprozess unterstützen ist sehr hilfreich auf diesem Weg. Privat und im Beruf werden dir eine klare aufrichtige Geisteshaltung und eine klare offene Kommunikation viele Erfolge bringen.

Echte Authentizität ist das Ergebnis klarer innerer Geisteshaltung. Es bedeutet EINDEUTIGKEIT und somit den Verzicht auf Zweideutigkeit, die immer mit Spekulation verbunden ist. Solange wir spekulative Energien einsetzen, mindern wir selbst unsere eigene göttliche Schöpferkraft. Denn Spekulation agiert mit der Komponente „des nicht selbst verdienten Nutzens". Spekulation versucht sich zum Nutznießer der Arbeit anderer zu machen. Das ist gegen das Prinzip der universellen Fairness und gegen die vierte Lebenshilfe, die Usui Sensei uns mitgegeben hat: „Verdiene dein Brot ehrlich!" Der Schaden, der durch die Zweideutigkeit spekulativen Verhaltens angerichtet wird, ist ein doppelter: du kreierst dir damit eine karmische Lektion und du lässt deine Zügel schleifen. Wer aber seine Zügel nicht voll und bewusst in der Hand hält, der kann den Wagen seines Lebens nicht selbstbestimmt lenken, sondern überlässt zumindest einen Zügel der Energie anderer Menschen, die dann schicksalhaft in sein Leben eingreifen. Unklarheit ist die Folge. Das beste Beispiel für die Problematik spekulativer Energiestruktur ist Glückspiel aller Art. Menschen versuchen zu Gewinnern zu werden, indem sie ein Los kaufen oder sich an einen Rouletttisch setzen.

Als Zeitvertreib und Spiel ist das ja okay und manchmal nutzt Fortuna auch diese Möglichkeit, um einem Menschen seine „wohlverdiente Gabe“ zuzuwerfen. Das bedeutet aber auch, gewinnen kann nur der, der sich die Voraussetzungen dafür auch im Leben geschaffen hat. Wer sein Lebensglück darauf aufbauen will, dass der Zufall ihm die Millionen bringt, der hat die Gesetze des Kosmos nicht verstanden.

Noch problematischer wird es da, wo Menschen „auf die Schwächen und Fehler anderer Menschen“ spekulieren, um damit ihren Gewinn zu machen. (Übrigens, damit kalkulieren alle Gewinnspielbetreiber und auch die Finanzspekulanten an den Börsen der Weltbanken. Sie kreieren sich ein schwer abzutragendes Karma.)

Klarheit gibt keinen Raum frei für Spekulation oder Fremdenergie. Klarheit bedeutet im eigenen Leben selbst der Chef zu sein, sich eindeutig auszurichten und die gesammelte, konzentrierte Geisteskraft in vollkommener Liebe einzusetzen für das eigene höchste Wohl, das höchste Wohl aller anderen und das höchste Wohl des Großen Ganzen. Klarheit ist Grundvoraussetzung, um die Schöpferkraft zu entwickeln und um deine Flügel entfalten zu lernen.

Lasse den Dingen ihren Lauf.
Gerade Heute schenke dir selbst
Freiheit und gib anderen
Lebewesen den Freiraum, den
sie brauchen, um sich wandeln zu können.
Wage es, weit und frei zu sein
in deinem Herzen und in deinen Gedanken
ohne Grenzen und Vorurteile.

Es gibt nichts, was du nicht ändern kannst

Du musst selbst die Veränderung sein,
die du in der Welt sehen möchtest.
Mahatma Gandhi

Immer wieder im Laufe der Geschichte haben mächtige Menschen Gesetze erlassen und immer wieder haben diese Machthaber über ihre Mitmenschen gewacht und geurteilt, damit diese deren Gesetze wohl einhalten. So entstanden Strukturen in der Gesellschaft, die es einer kleinen Elite ermöglicht den Großteil der Menschheit zu vereinnahmen und nach und nach der göttlichen, individuellen Eigenverantwortung zu entheben. Die Kirchen und der Staat begannen mit einem System der Bevormundung, die Menschen wurden mehr und mehr unmündig und oft auch unterdrückt und versklavt. Um nicht bestraft zu werden, taten die Meisten, was von ihnen verlangt wurde und es war bequem so, denn nun musste der einzelne Mensch nicht mehr nachdenken, was gut und richtig ist. Doch so schlief die Bewusstheit der Menschen mehr und mehr ein, das Gewissen verstummte bei manchen fast ganz und da sie sich nur an den äußeren weltlichen

Gesetzen ihrer Vorväter und Vordenker orientierten, verloren sie auch zunehmend ihre natürliche „religio“, die Rückbindung an das Schöpfungsprinzip. Sie verlernten mit den Kräften der Natur zu kommunizieren und verloren viel von ihrer natürlichen magischen Schöpferkraft und geheimnisvollen Heilkraft. Es hatte aber auch Vorteile. Denn diejenigen, die das Verlangen hatten, ihren Geist wach zu halten und zu trainieren, verwirklichten sich in ihrer gestaltenden materiellen Kreativität. So wurden viele Erfindungen gemacht, Forschungen angestellt und wunderbare Kunstwerke geschaffen. Das moderne Zeitalter der Technik ist ein Ergebnis davon. Statt die magische Kraft einzusetzen, erfanden die Menschen nun Maschinen, die ihnen bei der Umsetzung ihrer Ideen helfen.

Doch nun ist die technisch und materiell orientierte Welt ein so undurchschaubares Gebilde geworden, dass sich die einzelnen Menschen nur zu oft wie hilflose Marionetten gefangen fühlen. Die Strukturen in Wirtschaft, Politik und Wissenschaft sind zu komplex verwoben und zu verflochten, als dass ein einzelner Mensch die Chance hätte, dies mit linearem Denken und materiellen Mitteln allein zu entwirren. Wer es versucht, landet sehr schnell im Labyrinth globaler Machtmechanismen. So haben unser materieller Perfektionismus und die Einseitigkeit, der nur auf fassbare Materie ausgerichteten Naturwissenschaft, ihren naturgegeben Horizont erreicht und müssen das Kunststück schaffen, wirklich das zu werden, was sie sich nennen, nämlich „NATUR-Wissenschaft“. Es geht nur, wenn die Wesenheit der

Natur, als Wesenheit des Geistes, wieder anerkannt und miteinbezogen wird, um ganzheitliches „Natur-Wissen“ zu schaffen. Oder anders ausgedrückt: aus dem globalen Labyrinth kommen wir nur, wenn wir die Krusten einseitiger Denkweise sprengen und den Mut haben, die Flügel unseres Geistes zu entfalten.

Jeder Einzelne hat die Möglichkeit, dies zu tun. Mit Reiki lernst du hier und heute bei dir selbst zu beginnen. Es bringt nur Leid, wenn wir versuchen, die Krusten anderer Menschen aufzusprengen. Wenn ein anderer deine Krusten sprengt, bevor du deine Flügel entwickelt hast, dann bleibst du verletzt und verkümmert am Boden zurück. Nur du selbst kannst deine Krusten erweichen und nach und nach deine Schuppen abwerfen. Nur du selbst kannst deine Flügel mit Gottes Hilfe entwickeln. Kein anderer kann dies für dich tun. Hast du je gesehen, wie ein Küken aus dem Ei schlüpft? Nicht von außen wird die Schale gesprengt sondern von innen öffnet das Küken sich den Weg in die äußere Welt, erst dann wird das Wunder des neuen Lebens frei und sichtbar.

Die Veränderung bist also du selbst! Du musst dich dahin entwickeln, „das wirklich zu SEIN“, was du verändern willst. Willst du Krieg in Frieden verändern, so musst du selbst der wahrhaftig gewordene Frieden sein! Die Ansammlung deines Wissens über den Frieden wird noch lange keinen Frieden bringen. Erst wenn du Friede bist, strahlst du Friede aus. Erst wenn du Licht bist, strahlst du Licht aus. Du kannst noch so viel über Licht wissen, das Wissen bringt dich nicht zum Scheinen, erst wenn du das Licht bist, erstrahlst du hell.

Erst wenn du die Liebe bist, strahlst du Liebe aus. Du kannst alles verändern, indem du die Schatten der Welt in dich nimmst, transformierst und das Licht der Liebe, das Licht Gottes, durch dich scheinen lässt. Wenn du das verstehst, dann hast du die christliche Botschaft von Jesus ebenso verstanden, wie die Botschaft Buddhas und die Weisheit von Reiki.

Ich atme mich frei,
werde weit und durchlässig,
wie das Ätherkleid meiner Seele,
transparent
eingebettet in die
Wasser des Lebens.

Durchlässig werden

Der einzige Verlust, den du erleiden kannst,
ist der Verlust der Illusionen.
Strebst du die Transparenz der Illusionen an,
so gewinnst du die Wahrheit.
Meister Kuthumi

Nur durch einen transparenten Körper kann Licht scheinen. Es ist also notwendig, in deiner spirituellen Reiki-Lichtkörperentwicklung immer noch transparenter zu werden, um mehr und mehr Licht durch dich erscheinen zu lassen. Transparent sein bedeutet durchsichtig sein, bedeutet Licht-Durchlässigkeit. Es ist nur zu erreichen, indem dein gesamter physischer und metaphysischer Körper – dein Lichtkörper – in eine höhere und somit schnellere Schwingung gebracht wird. Diese höhere Schwingung all deiner Atome und Elektronen macht dich für grobe Strukturen durchlässig. Du musst dabei lernen, allen Widerstand gegen Negativität aufzugeben, dann kannst du grobe und negative Strukturen ganz einfach durch dich hindurch lassen. Als Vorstufe ist es notwendig, aus der Resonanz mit negativen und groben Strukturen herauszutreten, um die eigene Schwingung unbeeinflusst von der Umgebungsschwingung zu halten. Sobald wir nicht mehr immer und überall in Resonanz mit der breiten Masse und gängigen Mode mitschwingen, sondern uns mit der höchsten Schwingung, Gott, Reiki, Liebe synchronisieren, werden wir mehr und mehr durchlässig. Wir werden durchscheinend und dann auch durchsichtig. Gleichermaßen lernen wir auch die Fähigkeit zur Durchsicht und Hellsicht und können so grobe Strukturen durchschauen. Sobald wir aber wieder in das Spiel von Aktion und Reaktion einrasten, verdichten wir uns automatisch und sinken aus der höherdimensionalen Schwingung zurück in die polare Schwingung der materiellen Dichte.

Durchlässig zu werden wird durch Reiki-Handauflegen und durch die Arbeit mit den Reiki-Symbolen gefördert. Aber es bedarf auch hier unserer bewussten Mithilfe und des Trainings. Reiki wirkt in dem Maße, wie wir die Wirkung bewusst zulassen.

Durchlässig zu werden setzt Bewusstheit voraus. Es gibt nur eine wirkliche Bewusstheit – nämlich die vollkommene Bewusstheit. Die Kategorien der Psychologie, Bewusstsein in Unbewusstheit, Unterbewusstheit, Egobewusstheit und höhere Bewusstheit einzuteilen, erschaffen Trennungen, wo keine sind. Bewusstsein ist Bewusstsein. Das Traumbewusstsein, das Bewusstsein im Schlaf, das Zellbewusstsein unseres Körpers ist kein eigenes Bewusstseinsorgan, sondern ein Aspekt ein und desselben Bewusstseins, das wir sind. Das Bewusstsein unseres Höheren Selbstes und unserer Seele ist nichts von uns Getrenntes, wie auch Gottes-Bewusstsein nichts von uns Getrenntes ist. Unterbewusstsein ist sozusagen der Grundton, der den sichtbaren Oberton trägt. Doch der Oberton ist nicht vom Grundton trennbar. Ich war nie ein besonderer Freund von Hypnose – wenn sie zuweilen auch in der Heilkunst ihren berechtigten Stellenwert hat – denn Hypnose drängt das Wachbewusstsein und den eigenen verstandesbegründeten Willen zurück und erschafft so eine Trennlinie und voneinander scheinbar getrennte Bewusstseinsebenen. Die Schwingung von Reiki während einer Reikibehandlung ist eine Schwingung, die ganzheitliches Bewusstsein anregt und fördert. Reiki hat nichts Hypnotisches an sich, sondern erweitert den Raum für allumfassendes Bewusstsein. Die meisten Menschen geraten dabei in eine Art Halbschlaf, in dem Bilder, Gedanken, Gefühle und Erinnerungen sanft in eine transparente Bewusstheit gehoben werden, ohne dass es zu Verankerungen in einzelnen Ebenen des Verstandesdenkens kommt und auch, ohne das Verstandesdenken von den unbewussten Schichten zu trennen, wie das ja bei Hypnose und anderen suggestiven Therapien der Fall ist. Hier wird im Gegenteil weder eine Suggestion noch irgendein anderer Bewusstseinsanker gesetzt, sondern die Anker werden gelöst. Das Bewusstsein wird frei. Neuorientierung und Heilung werden möglich. Aus diesem Grund ist es auch nicht sehr förderlich, während einer Reiki-Behandlung Affirmationen aufzusagen. Affirmationen sind im Tagesbewusstsein, im Verstandesbewusstsein hilfreich, um uns statt den alten Rillen unserer Denkgewohnheiten eine neue Gehschule der Gedankenstrukturen anzubieten. Doch Affirmationen sind das, was der Laufstall für ein Kleinkind ist, sie sind Krücken, die wir, sobald wir Durchlässigkeit und Bewusstheit erlangt haben, abgeben können. Natürlich gilt es zu bedenken, dass wir auf der Reise durch die komplexen Dimensionen des Seins immer wieder in das Stadium des Kleinkindes treten, denn immer wieder betreten wir Neuland und müssen lernen. Also wird es auch immer wieder nötig sein, die Krücken und Lernhilfen wieder aufzunehmen, um uns so höher und höher in unserer Schwingung hochzuarbeiten.

In anderen Worten ausgedrückt bedeutet das, dass du natürlich allerlei Hilfen verwenden kannst: Mantras, Affirmationen, Symbole, usw. Es sind aber nur Bewegungshilfsmittel wie vergleichsweise Motorräder, Autos, Fallschirme, Flugzeuge, Raketen, usw. Bedenke daher, dass du die Ankerschnur zu den Hilfsmitteln lösen musst, sobald du deine eigenen Flügel entfaltet hast und selbstständig fliegen kannst, denn mit einem Flugzeug aus Stahl im Schlepptau ist es sehr schwer mit transparenten silbernen Flügeln voranzufliegen. Wenn du vollkommen durchlässig bist, dann lässt du auch alle Technik durch dich durch. Du kannst Mantras verwenden, du kannst Symbole verwenden, du kannst aber auch selbst die Essenz des Mantras sein und du kannst auch selbst die Essenz des Symbols sein. Du kannst das Reiki-Licht verwenden, du kannst aber auch selbst die Essenz des Reiki-Lichtes sein. Durchlässig zu werden bedeutet selbst zu sein, was man in der Welt haben will und alles andere sein zu lassen, wie es ist. Schon Laotse hat über diese Kunst zu uns gesprochen, „Wu Wei“, der Wert des Nicht-Eingreifens. „Wu Wei“, das Training der Durchlässigkeit.

Um dies zu trainieren, kann es dir sehr helfen, sobald grobe Strukturen auf dich zukommen, einfach innerlich zu sagen: „Ich bin durchlässig, ich bin durchlässig.“ Du wirst sehen, wie sehr es dir hilft, transparent zu werden. So musst du Negativität nicht mehr bekämpfen oder ausgrenzen, sondern du schwingst so fein, dass der Schatten der Welt durch das Licht, das du ausstrahlst, erhellt, absorbiert und transformiert wird.

Der kleine, damals ungefähr sechs Jahre alte Sohn meiner Nachbarin, erschreckte seine Mutter sehr durch einen Traum, den er ihr erzählte. Er träumte, er sei mitten unter bösen Menschen, die mit Gewehren schießen und einander töten. Seine Mutter kam zu mir und bat mich, ihr zu helfen, sie wusste nicht, wie sie mit dem Traum, der mehrfach wiederkam, umgehen sollte. Gerade da sie ihr Kind gut beschützen wollte, hielt sie es von klein auf von Fernsehen und Computerspielen ab, doch wie sich nun zeigte, half das nicht. Sie machte sich viele Gedanken, ob ihr Junge über die Kinder im Kindergarten zu solch beängstigenden Vorstellungen kam oder über das Indianerspielen. Ich erklärte ihr, dass ich davon überzeugt bin, dass wir den Themen der Zeit nicht entgehen können und dass über die morphogenetischen Felder die Wirkung von Fernsehen, Filmen und Gedankenbildern die Schwingung auch dann an uns übertragen wird, wenn wir selbst keinen Fernseher einschalten. Allerdings ist die Wirkung nur dann da, wenn wir mit einer Schwingung in Resonanz gehen. Das heißt, dass wir dieses Thema eben in uns gespeichert haben und dass es zur Aufarbeitung und Heilung ansteht. So ist es auch bei Kindern. Ich fragte sie, ob ihr Kind Angst habe vor dem Traum und wir ergründeten in dem Gespräch, dass das Kind den wiederkehrenden Traum eigentlich ohne jede Angst erzählt hatte und die Angst in ihr, als Mutter, steckte. Beim nächsten Besuch fragte ich den Jungen selbst nach dem Traum.

„Weißt du“, sagte er, „das ist sehr spannend im Traum. Da sind viele wütende Menschen und die schießen aufeinander. Beng, beng und dann fallen sie tot um.“

„Und wo bist du in deinem Traum? Was machst du?“

„Ich schaue zu. Aber ich mache mich unsichtbar, ich will nicht tot umfallen“, antwortete er. Ich bemühte mich ihm gemeinsam mit seiner Mutter zu erklären, dass das Leben sehr wertvoll ist und wir nicht mit Waffen aufeinander schießen sollten. Tod und Sterben waren dem kleinen Jungen nicht mehr ganz fremd in seiner Welt, da seine Großmutter einige Monate zuvor gestorben war und sein kleiner Hase von einem Marder totgebissen worden war. Die Großmutter im Himmel zu wissen, war für ihn tröstlicher als die Vorstellung, dass der Marder den kleinen Hasen gefressen hat. Leben, Tod, Sterben, natürliches und willkürliches Ende, sehr schnell wird das Thema sehr komplex und wenig greifbar für eine kleine Kinderseele und schwierig für Eltern, für die Tod und Sterben ein tabuisiertes Thema sind. Ich erklärte dem Buben wie er sich mit Licht einhüllen kann und dass er immer seinen Schutzengel um Hilfe rufen kann, wenn er Angst bekommen sollte. Der kleine Junge war ganz zufrieden damit und eine Zeit lang träumte er immer wieder diesen Traum der wütenden bösen Menschen, die sich tot schießen. Dann, eines Morgens, schlüpfte er ins Bett seiner Mutter und erklärte mit großem Stolz, dass er jetzt die Lösung gefunden hat im Traum. Und er berichtete, dass er sich nicht mehr unsichtbar machen muss, sondern dass die Anderen auf ihn schießen können, er macht dann seinen Körper auf und die Kugel geht durch ihn durch, ohne dass es weh tut. Damit ging sein Traum von ihm weg und auch jede Vorstellung von Schießen und Beng Beng. Seine Mutter beobachtete, dass das Spiel mit der Spielzeugpistole seinen Reiz verloren hatte, er sägte jetzt mit der Laubsäge Figuren aus, die bunt bemalt wurden und baute mit Vorliebe Legohäuser und andere Gebilde zusammen. Wenn er groß ist, will er Häuser bauen.

Durchlässig werden! Kinder kommen mit einem ganz neuen Wissen auf unsere Welt und vielleicht sollten wir uns mehr Gedanken über unsere eigenen Ängste und negativen Vorstellungen machen, als darüber, dass Kinder mit den schwierigen Themen der Zeit nicht fertig werden. Sie werden damit fertig, ganz sicher, sie sind universelle Wesen aus reinem Licht und werden vollkommen neue Wege gehen, Wege, die wir - die Alten - wohl nur schwer verstehen können. Und zu dem kleinen Jungen meiner Nachbarin möchte ich als Reinkarnationsanalytikerin noch den Hinweis geben, dass seine Schilderung, wie die Menschen im Traum aussahen und welche Kleidung sie trugen, in keiner Weise an Computer- oder Fernsehfiguren erinnerte, sondern an

Bilder von Schlachten an den Fronten des ersten oder zweiten Weltkriegs. Wir müssen bedenken, dass die Seelenaspekte der gefallenen Soldaten an der Front jetzt wieder inkarniert sind und in ihrem jetzigen Leben die traumatischen Ereignisse aufarbeiten müssen. Ich würde mir auch wünschen, dass die aufkeimende rechtsradikale Szene unter diesem Blickwinkel betrachtet wird und dass „Verbote allein" keine Lösung und keine Heilung bringen, denn alles, was der Jugend in der Hitlerzeit eingetrichtert wurde, haben sie in ihrer Arkashaebene gespeichert. Und jene, die im Kricg gefallen sind, hatten keine Chance mehr, ihren Irrtum zu erkennen, sie MÜSSEN sich im nächsten Leben mit diesem Thema nochmals beschäftigen. Wir sollten ihnen helfen, das Trauma der Suggestion aufzuarbeiten und sie nicht durch Unverständnis noch weiter in ihre Isolation treiben. Wir sind daher dringend aufgefordert, Heilung in aller Tiefe zu suchen und anzubieten. Reiki öffnet zumindest den Zugang zur Notwendigkeit tiefer Heilung und Erkenntnis, bejahen wir diesen Weg, so dürfen wir gewiss sein, dass die Unterstützung des Universums mit uns ist.

Durchlässig zu sein bedeutet, weder zu fliehen vor den Themen der Zeit, noch sie zu bekämpfen. Jeder Kampf ist Widerstand und Härte, Abgrenzung und Verurteilung. Durchlässigkeit erzeugt Verständnis, Vergebung, Heilkraft und Transformation – also Wandlung vom Negativen zum Positiven hin. Wer Irrtum bekämpft, wird Wahrheit nicht gewinnen. Wer durchlässig ist gegenüber dem Irrtum, sich nicht am Irrtum festkrallt und ihn somit zwanghaft am Leben erhält, der wird die Essenz der Wahrheit als Friede in sich spüren und begreifen können.

Durchlässig zu sein bedeutet, die vielen komplexen Aspekte des Lebens durch uns scheinen zu lassen, ohne uns an nur einen Aspekt zu binden oder gar nur einem Aspekt der Wirklichkeit auszuliefern. Wenn wir durchlässig wie der Äther werden, dann kommen wir der Essenz des Lichtes und der Liebe sehr nahe.

Betrachten wir ein Atom im Elektronenmiskroskop, so sehen wir, wie durchlässig es ist. Zwischen den einzelnen, sich in großer Geschwindigkeit bewegenden Elementarteilchen schwebt das NICHTS, die große LEERE. Und doch ist es eben dieses NICHTS, die LEERE, aus der alles hervorgeht und die mit ihrer Kraft der Weisheit auch alles zusammenhält. Du darfst es wagen, durchlässig zu sein!

Liebe ist die höchste Tugend;
ihre Kinder sind die Klugheit,
die Freude und der Mut
zum Leben.

Das hohe Lied der Tugend

Tugend ist die Vollkommenheit im Zustand des Menschen
und nicht ein Mangel an Fehlern.
Die Stadt der Wüste
Antoine de Saint-Exupéry

Wenn wir mit Reiki-Energie arbeiten, dann kommen wir in Berührung mit der Qualität der Tugend. Der Begriff leitet sich ab von „taugen“ (lat. *virtus*, griech. *arete*). Unter Tugend versteht man eine Fähigkeit und innere Haltung, die Gutes leicht und mit Freude zu tun vermag. Die Wurzeln der Tugend reichen in eine universelle Ethik hinein, die eine Kraft spendet, die uns für die Liebe tauglich macht. Der tugendhafte Mensch versucht sich das Gute gleichsam zur persönlichen Eigenschaft zu machen. Die durch Paton begründeten vier klassischen Grundtugenden (Kardinaltugenden) in der Ethik des Abendlandes sind:

- die Klugheit
- die Gerechtigkeit
- die Tapferkeit
- die Fähigkeit, das rechte Maß zu finden

Die **Klugheit** (mhd. *Kluocheit,* Feinheit, Zierlichkeit, gebildetes Benehmen) strebt ihr Ziel mit Klarheit an, sie weiß sich von der berechnenden Schlauheit und der Gerissenheit abzugrenzen, denn Klugheit ist tiefe Weisheit, die sich mit klarer Absicht für das Gute und Wohlwollende auf angemessene und feinfühlige Weise einzusetzen versteht. Sich klug zu verhalten bedeutet, das höchste Wohl von sich selbst, von jedem Einzelnen und vom Großen Ganzen stets im Auge zu behalten und zu respektieren. Klugheit erfordert klare Absicht, gutes Denkvermögen und Herzensbildung. Platon hat die Klugheit zur Kardinaltugend erklärt.

Die Tugend der **Gerechtigkeit** beschäftigt viele Menschen erst, wenn sie deren Mangel, also Ungerechtigkeit erleben, dann schreien sie empört auf. Wir tun aber gut daran, uns vorab mit der Tugend der Gerechtigkeit zu beschäftigen, denn was wir aussenden, kommt zu uns zurück. Wenn wir gerecht und fair sind mit anderen, dann werden wir selbst Gerechtigkeit und Fairness erleben. Die ursprüngliche Bedeutung des Adjektivs „gerecht" ist „geradlinig". In moralischer Hinsicht bedeutet es Aufrichtigkeit und Geradlinigkeit im zwischenmenschlichen Umgang; also Respekt, Ehre und Offenheit. Die klare Absicht ist ausschlaggebend sowie ein Verzicht auf Winkelzüge, um sich einen Vorteil zu ergattern. Die modernen Begriffe „Fairness" und „fair sein" beschreiben die Qualität gerechten Verhaltens gut. Fairness setzt Integrität voraus und bedeutet, dem anderen Menschen all das eben auch zuzugestehen, was man für sich selbst beansprucht. Faires Miteinanderteilen, gerechtes Miteinanderteilen berücksichtigt den Anspruch des Einzelnen in dem Maße, wie ihm sein für alle gleicher Anteil in der Gemeinschaft - ohne Privilegien - zusteht. Gerechtigkeit bedeutet, unabhängig von gesellschaftlichem Stand, von Rasse, Geschlecht und Herkunft allen Menschen in einer Gemeinschaft einen gleich großen Anteil zuzugestehen. Aus dem Rechtsempfinden unserer Vorväter entwickelten sich unsere Rechte, Gesetze und die Justiz. In unserer Gesellschaft sind wir aufgerufen, gerade im Bereich der Gerechtigkeit – in der Wirtschaft beispielsweise – ein ethisch hohes und faires Maß neu anzulegen. Wenn Manager oder Börsenspekulanten ein unverschämt Vielfaches vom Lohn der Arbeiter und Angestellten absahnen, dann ist dies weder gerecht noch fair. Du als einzelner Mensch kannst zwar diese Situation nicht mit einem Schlag verändern, aber dein Rechtsempfinden, das du artikulierst und deine eigene Vorbildhaftigkeit sind eine starke Schwingung in den morphogenetischen Feldern. Diese Schwingung führt Schritt für Schritt zu einer gerechteren Verteilung. Geldenergietraining ist etwas, das ebenso zu einer guten Reiki-Ausbildung dazugehört, wie die Pflege eines bewussten und gerechten Umgangs mit den Rohstoffen der Erde, die allen Menschen zu gleichen Teilen gehören. Erst wenn zwanzig Prozent der Weltbevölkerung in den Kardinaltugenden souverän standhalten, kann in Wirtschaft und Politik eine Wende kommen. Sei du der eine kleine Prozentanteil und bedenke, nur sieben Prozent der Menschen können stark genug sein, um das negative Schwingungsfeld nicht kollabieren zu lassen. Sobald zehn Prozent der Weltbevölkerung die Kardinaltugenden im Alltag leben, wird ein neuer moralischer Aufschwung möglich sein und bei zwanzig Prozent beginnt das Gute tatsächlich in der Wirtschaft, in der Politik und der ganzen Gesellschaft durchzugreifen. Wir sind mit allen vernetzt und so ist es unsere Aufgabe und auch einzige Chance, selbst die höchste Tugend vorzuleben, wenn wir Gerechtigkeit und Fairness erleben wollen.

Tapferkeit (althochdeutsch *tapfar,* fest, schwer, gewichtig, lateinisch *fortitudo*), ist die Fähigkeit des Menschen zu besonnener, furchtloser oder durch Selbstüberwindung und Einsicht gestärkter Durchsetzungskraft, um ein edles Ziel zu erreichen. Tapferkeit ist beherztes, mutiges und unerschrockenes Verhalten eines einzelnen Menschen oder einer Gruppe von Menschen, es ist die Zivilcourage, die wir einsetzen können, wenn es nötig ist aus innerer Überzeugung gegen den Strom der breiten Masse zu schwimmen. Tapferkeit kann zum Heldenmut führen, wenn es gilt Leben zu beschützen oder zu retten. Was wäre die Welt ohne die Tapferen und Mutigen? Nur zu oft sind Fortschritt und Erneuerung nur durch das tapfere und entschlossene Handeln einzelner Menschen für eine ganze Kultur errungen worden. Die Tugend der Tapferkeit braucht einen festen Willen und eine gewichtige und beharrliche Standfestigkeit. Die Tugend der Tapferkeit weiß sich von Verwegenheit und unbedachter Waghalsigkeit abzugrenzen. Tapfere Menschen handeln besonnen und beweisen Rückgrat.

Die Fähigkeit, das **rechte Maß** zu finden, bezieht sich sowohl auf unsere Emotionen, Triebe, Wünsche und Gelüste als auch auf unser Pflichtgefühl. Wenn wir uns zügellos treiben lassen, dann geraten wir leicht in Resonanz mit niedrigen Schwingungen und verlieren unsere Selbstbestimmtheit. Wenn wir uns aber zu viel Beherrschung auferlegen, zu viel Strenge einsetzen und jede Lust verweigern, uns nichts mehr gönnen und nichts mehr richtig genießen können, dann verlieren wir Lebensfreude, Fröhlichkeit und Leichtigkeit, dann werden wir gehemmt und verkrampft. Das rechte Maß in unserem Temperament zu finden, gelingt uns dann am ehesten, wenn wir auf einen guten Ausgleich achten und Körper, Geist und Seele in Harmonie bringen. Reiki hilft uns dabei.

Im Mittelalter entwickelten sich im abendländischen Kulturkreis die ritterlichen Tugenden:

- Weisheit: Ergebnis klug verinnerlichter Erfahrung
- Wahrheit: höchst mögliche subjektive Wahr-nehmung
- Gerechtigkeit: höchst mögliche ethische Recht-sprechung
- Barmherzigkeit: aktive Kraft der Gnade und des Mitgefühls
- Friedfertigkeit: Kunst des ruhigen, neutralen Vermittelns
- Stärke: körperlich und geistig im Ideal standhalten
- Glaube: Lebensausrichtung nach höchstem Ideal
- Mäßigkeit: Selbstbeherrschung in jeder Situation
- Güte: das Gute fördern und pflegen
- Demut: Mut sich dem höchsten Ideal hinzugeben
- Hoffnung: eine Lösung mit universeller Weisheit anstreben
- Liebe: die Würde aller Lebewesen achten

Dazu kamen im aufkeimenden Bürgertum der vergangenen Jahrhunderte die bürgerlichen Tugenden:

- Ordnungsliebe: sorgfältiger Umgang mit allen Dingen
- Fleiß: aufrichtiges Bemühen um sichtbare Leistung
- Korrektheit: eigenverantwortliche Genauigkeit
- Sparsamkeit: Wertschätzung der Ressourcen
- Reinlichkeit: körperlich, geistige Hygiene
- Pünktlichkeit: zur rechten Zeit am rechten Ort sein

Die Grundpfeiler der christlichen Tugenden gehen auf die Zehn Gebote Gottes im Alten Testament zurück, die Moses am Berg Sinai auf Steintafeln eingeritzt übergeben wurden. Das Judentum bezieht sich auf diese Gebote ebenso wie die christlichen Kirchen unserer Zeit mit geringen Abwandlungen. In meiner katholischen Erziehung wurden sie so gelehrt.

1. Du sollst an einen Gott glauben

Heute weiß ich, dass damit der/die EINE und für alle gleiche Gottheit gemeint ist. Ein Gott, der unter den unterschiedlichsten Namen in unterschiedlichsten Kulturen und Religionen angesprochen wird als die universelle göttliche Quelle und Kraft, wie wir sie auch in REI-KI finden. Rei heißt universell und Ki ist die Kraft.

2. Du sollst den Namen Gottes nicht verunehren

Es bedeutet somit, alle Namen Gottes zu respektieren und immer hinter allen Namen die eine und für alle gleiche Quelle des Lebens zu achten. Wer auch nur einen Namen Gottes verspottet oder verbietet, verspottet oder verbietet Gott in seiner Allgegenwart.

3. Du sollst den Tag des Herrn heiligen

Das Wort „Herr“ kommt aus dem althochdeutschen *herro* und hat seinen Ursprung im griechischen *heroikus* und heißt erhaben, ehrwürdig, heldenhaft sein. Herr bedeutet **Erhabenheit** und **Ehrwürdigkeit**. Wir sollen also den Tag mit dem Erhabenen und Ehrwürdigen ausfüllen. Der Tag des Herrn ist der erhabene Tag, die erhabene Form, die zum Gesetz wird und die im Einklang mit dem Kosmos schwingt, mit dem Urgesetz. Herr, das erhabene Gesetz, das am Anfang war, am ersten Tag. In diesem Sinne hat Herr nichts mit männlich oder weiblich zu tun, auch wenn „Herr“ für einen ehrwürdigen und erhabenen Mann und „Herrin“ für eine ehrwürdige, erhabene Frau gebraucht werden. Das dritte Gebot ist ein Aufruf, in den Ursprung aller Dinge und aller Zeit zurückzuschauen und die Wahrheit von Anfang an zu ergründen und nicht erst mitten in der Dogmatik der Überlieferung deinen Anker des Bewusstseins zu setzen.

Jeder Tag ist nach kosmischem Gesetz ein heiliger Tag. Heiligen bedeutet einhalten, innehalten und von innen her dankbar in die Welt hineinblicken, zu Gott hinblicken, in Gott hineinblicken, also Andacht, Meditation und Anbetung. Eigentlich ist dies an jedem Tag wichtig. Begehen wir nur an einem einzigen Tag unseres Lebens eine schwerwiegende Tat, so wird das für unser ganzes Leben auch sehr schwerwiegende Konsequenzen haben.

Außerdem wird der Sonntag, der siebente Tag, als Tag der Ruhe, der Einkehr und des „Gott-geweihten-Dienstes" betrachtet. Bei den Juden wird der Samstag, der Sabbat gefeiert, bei den Moslems der Freitag und der Buddhismus feiert seine Feste im Zyklus des Mondes von Gebiet zu Gebiet unterschiedlich.

4. Du sollst Vater und Mutter ehren, damit du lange lebest und es dir wohl ergehe

Gott-Vater und Gott-Mutter, Himmel und Erde, das göttliche Prinzip sollte als erstes angesprochen werden. Dann natürlich auch die eigenen Eltern. Hier finden wir eine wichtige Parallele zu den Reiki-Prinzipien von Usui Sensei. Das 3. Prinzip lautet: Ehre deine Eltern, die Lehrer, die Älteren und alle Mitmenschen. Wenn es uns in der Gemeinschaft und in der Familie gut geht, dann ist das die wichtigste Voraussetzung für ein langes und gesundes Leben im Wohlstand.

5. Du sollst nicht töten

Was heißt es anderes, als dankbar zu sein für das Leben, für jedes Leben. Bei diesem Gebot stimmt es mich sehr traurig, dass in unserer modernen Welt in Ländern wie der USA, die laut herumschreit, wenn es um Menschenrechtsverletzungen in anderen Kulturen geht, in der eigenen Kultur die Todesstrafe noch immer gefordert und auch legal ausgeführt wird. Es stimmt mich traurig, wenn Kriege angezettelt werden wegen Erdöl oder anderer Machtstrategien und der Verlust von Menschenleben so einfach stillschweigend in Kauf genommen wird. Es stimmt mich traurig, wenn Pharmaindustrie und Chemiekonzerne Gifte und Nebenwirkungen von Medikamenten, die das Leben bedrohen, einfach verschweigen. Dennoch, wir sollten nicht urteilen. Das einzige was bleibt, ist alle Handlungen zu segnen und im eigenen Umfeld achtsam und verantwortungsbewusst zu sein. Wir können nichts Besseres tun, als das Leben, unser eigenes und das unserer Mitmenschen, täglich durch Reikisegnungen und durch unsere Dankbarkeit zu stärken. Und wir dürfen wissen, dass diese Lichtarbeit die höchstmögliche Wirkung in sich trägt.

6. Du sollst nicht Unkeuschheit treiben

Die Keuschheit (mhd. *kiuschheit*) leitet sich sprachlich vom lateinischen Begriff *conscius* ab und bedeutet, **mitwissend**, **eingeweiht** und **bewusst** zu sein. Du sollst nicht Unkeuschheit treiben, bedeutet daher im eigentlichen Sinne, du sollst nicht unwissend, du sollst nicht uneingeweiht und du sollst nicht unbewusst sein, beziehungweise du sollst nichts betreiben, das dich und andere Menschen der Unwissenheit, der Uneingeweihtheit und der Unbewusstheit ausliefert. Es bedeutet, das Brot, die Kommunion der Erkenntnis miteinander zu teilen und nicht einander zu verweigern. Später wurde der Begriff auf das geschlechtliche und sexuelle Verlangen reduziert. Doch Sexualität ist etwas Heiliges. Es ist die höchste Schöpferkraft, die uns gestattet, Leben zu zeugen und zu empfangen. Sexualität ist auch die heiligste Verschmelzung in Liebe, die zwei Menschen miteinander erleben können. Sexualität ist liebende Lust und Lust, das Leben in sich selbst und im Partner/ in der Partnerin zu lieben. Nicht unkeusch mit Sexualität umzugehen, heißt daher nichts weiter, als nicht unwissend, nicht uneingeweiht und nicht unbewusst mit dem sexuellen Verlangen zu spielen. Es fordert Achtsamkeit, Verantwortung und Liebe, als Basis des gegenseitigen Vertrauens, in einer Partnerschaft aufzubauen, um einander im göttlichen Bewusstsein zu begrüßen und um Liebe zu geben und anzunehmen. Wir sollten uns selbst und dem Partner eine Freude sein und Freude bereiten. Nicht unkeusch sein bedeutet daher auch, nicht unehrlich zu sein in der Absicht der sexuellen Vereinigung. Nicht die Befriedigung des eigenen Egotriebes sollte im Mittelpunkt stehen, sondern die Hingabe an den/die Partner/in, an die Zärtlichkeit, an die Liebe und an die Göttlichkeit im anderen Menschen und in sich selbst. Eine Verdrängung und Unterdrückung der heiligen sexuellen Kundalini-Energie ist äußerst ungesund und hat noch niemanden zur Erleuchtung geführt.

7. Du sollst nicht stehlen

Wir müssen unterscheiden lernen, was mein und was dein ist, was der Wiese gehört und was dem Wald, was dem Meer und was der Luft gehört, den Tieren und Pflanzen. Wir müssen unterscheiden lernen, was unser Eigentum ist und was das Eigentum anderer Menschen ist.

Das ist ein sehr komplexes Thema, denn nicht immer ist das, was ein anderer in seinen Besitz nimmt, weil er Macht ausübt beispielsweise, auch sein tatsächlich kosmisches und somit geistiges Eigentum. Wenn Pharmakonzerne einfach Pflanzen - die uns allen gehören - markenrechtlich schützen lassen und dann glauben, das alleinige Recht zu haben, diese Pflanzen als Heilmittel zu verkaufen, dann ist das ein Diebstahl am Eigentum der Menschheit. Aber auch im Kleinen achte genau darauf, was dir zusteht und was einem Anderen. Im vierten Reikiprinzip fordert uns Usui Sensei auf, unser Brot ehrlich zu verdienen und es bedeutet, nicht nur nicht stehlen, nicht lügen, sondern auch keine unlauteren Tricks anzuwenden, um in den Besitz von Dingen zu kommen, die uns nicht wirklich zustehen. Aber nicht nur Dinge können gestohlen werden, auch Ideen, geistige Arbeit kann gestohlen werden und gerade in diesem Bereich sind wir aufgerufen, eine innere Ethik neu zu entwickeln, denn sich nur auf die Gesetze zu verlassen, hilft in dieser schnelllebigen Entwicklung nicht. Wir müssen lernen, unaufgefordert ehrlichen Herzens zu handeln, vor uns selbst, vor unserem eigenen Gewissen um vor Gott in der Tugend standzuhalten. Nicht aus Furcht vor Strafe, sondern aus einem inneren Anliegen der Wertschätzung heraus, sollten uns Ehrlichkeit und Aufrichtigkeit im zwischenmenschlichen Umgang ein Herzensanliegen sein.

8. Du sollst kein falsches Zeugnis geben

Dem Wort Zeugnis liegt der Begriff der Zeugung zugrunde. Es verweist uns auf die Kraft unserer Überzeugung, durch die der Same gelegt wird für das, was wachsen wird und sichtbar werden wird. Wenn wir Zeugnis ablegen, also unsere Überzeugung aussprechen, so bedienen wir uns einer schöpferischen Kraft, die wir in uns haben. Wir können Gutes erzeugen oder auch Schlechtes. Du sollst kein falsches Zeugnis ablegen (wider deinen Nächsten) bedeutet nicht nur, sage nichts Falsches, nichts Unehrliches und Unrichtiges auszusagen über deine Mitmenschen, sie nicht zu verleumden, sondern es bedeutet auch, nichts Falsches zu erzeugen. Sprechen wir beispielsweise in einem anderen Menschen immer und immer wieder nur die negativen Eigenschaften an, so erzeugen wir geradezu diese negative Energie in ihm. Wenn ich einem Menschen immer wieder sage, „Fürchte dich nicht", dann erzeuge ich dennoch die Vorstellung von Furcht in ihm. Wenn ich einem anderen immer wieder sage, dass er nicht so negativ denken soll, nehme ich seine negativen Gedanken für sehr wichtig, aktiviere daher seine Resonanz zur Negativität und nicht zum Positiven. Ich könnte ihn genausogut auffordern, positiv zu denken. Es liegt eine hohe Verantwortung in dem, was wir denken, sagen und tun und wofür wir unser Zeugnis und unsere Überzeugung einsetzen.

9. Du sollst nicht begehren deines Nächsten Frau

Das Wort Frau kommt im gotischen Wort frauja zum Ausdruck und verweist im altenglischen Wort friega, auf den bzw. die *Erste*, auch die *Vorderste*, also an erster Stelle stehende Frau (Herrin, Erhabene). Dieses Gebot legt uns auf, uns an die Rangordnung zu halten.

Wir müssen wissen, dass sich der Wortlaut der Zehn Gebote (hebräisch: *asäret haddebarim = zehn Worte*) ursprünglich nur an den freien, erwachsenen, männlichen Israeliten richtete. Zu jener Zeit war es wichtig, dass die in Kanaan sesshaft gewordenen freien

Söhne Israels ihre Lebensgrundlage gegenseitig respektierten, damit nicht die zunehmende Besitzgier und Verschuldung die Freiheit bedrohten. Es war eine soziale Krisensituation, daher musste im Namen Gottes, die Existenzgrundlage des Schwächeren vor den Übergriffen des Stärkeren gesichert werden. Später wurden die zehn Gebote auf alle Menschen erweitert.

Die spirituelle Auslegung des neunten Gebotes stellt uns vor die Frage, ob die Frau/der Mann, die/den wir begehren, wirklich auch die/der erste Mensch in unserem Leben ist? Wir müssen hinterfragen, ob wir wirklich ehrlich und aufrichtig lieben. Lieben wir einen Menschen wirklich tief und über alles, dann ist die heilige sexuelle Vereinigung der logische und gute nächste Schritt. Kommt der Mensch unserer Begierde aber nicht an „erster Stelle“, handelt es sich bloß um eine Versuchung, ein Abenteuer, dann sollten wir diesen Menschen nicht als Lustobjekt missbrauchen und uns nicht in eine Beziehung oder Ehe einmischen.

10. Du sollst nicht begehren deines Nächsten Gut

Wir sollen nicht immer darauf schielen, was die anderen haben, was sie besser können, sondern dankbar für das sein, was wir selbst haben und sind.

Im Neuen Testament werden diese Moralvorstellungen von Jesus in der Bergpredigt und in den Seligpreisungen angesprochenen Tugenden der Gerechtigkeit, Barmherzigkeit, Sanftheit, Reinheit des Herzens und Friedfertigkeit ergänzt, die vom Rittertum übernommen wurden. Glaube, Hoffnung und Liebe finden sich im ersten Brief an die Korinther des Apostels Paulus (1. Korinther 13) als die höchsten Tugenden. Die Liebe hebt er als die allerhöchste Tugend hervor. Die bedingungslose, universelle Liebe ist die erhabene Tugend, die alle anderen Tugenden miteinschließt.

Auch in Japan entwickelten sich ritterliche Tugenden durch die Ehre der Samurai. Die sieben Tugenden des japanischen Bushidô, des „Weg des Kriegers“ *(dô*, der Weg, *bushi*, der Krieger), haben im Laufe der Geschichte über das japanische Kaiserhaus, die japanische Gesellschaft am stärksten moralisch geprägt. Bushidô ist ein Kodex moralischer Grundsätze, die mündlich überliefert wurden und nur zuweilen schriftlich festgehalten wurden. Es ist ein Kodex, der aufrichtiges Tun heilig spricht, ein Gesetz, das im Herzen geschrieben steht. (Buchempfehlung: „Bushidô-Die Seele Japans“, Inazo Nitobe, Angkor)

Die Bushidô-Prinzipien sind wohl auch indirekte Grundlage für die Lebensprinzipien des Reikidô , also des Reiki-Weges.

Die Bushidô Prinzipien sind:

- Gi: Ehrenvolle Entscheidung in schwierigen Situationen
- Yu: Mut
- Jin: Wohlwollen gegenüber allen Menschen
- Rei: Respekt
- Makoto oder Shin: Vollkommene Aufrichtigkeit
- Meiyo: Ehre
- Chûgi: Treue auch Chû: Pflicht, Verantwortung, Loyalität

Die Reiki-Tugenden nach Usui Sensei werden meistens folgendermaßen überliefert:

- Gerade heute sei nicht ärgerlich
- Gerade heute sei frei von Sorge
- Ehre deine Eltern, die Lehrer, die Älteren und Mitmenschen
- Verdiene dein Brot ehrlich
- Sei dankbar für dein Leben und für jedes Leben

Es ist interessant zu beobachten, dass in allen Kulturen und Religionen in der Vergangenheit sehr viel Gewicht auf das gelegt wurde, was vermieden werden sollte. Die Verbote wurden somit mächtig. Auch die Reikitradition spricht in den von Usui Sensei überlieferten Reiki-Prinzipien zuerst dasjenige an (Ärger, Sorge), was wir eigentlich transformieren sollten. In der neuen Zeit wird es wichtig, keine Energie in Negativität zu geben, sondern alle Energie für das zur Verfügung zu stellen, was wir fördern Wollen. Daher ist auch eine sprachliche Erneuerung der Reiki-Prinzipien nötig.

- Gerade heute bleibe gelassen
- Gerade heute sei zuversichtlich
- Ehre deine Eltern, die Lehrer, die Älteren und Mitmenschen
- Verdiene dein Brot ehrlich
- Sei dankbar für dein Leben und für jedes Leben

Gerade Heute
will ich meine Hand ausstrecken,
in Liebe zu dir
und in Liebe zu allem, was ist.

Die Liebe

Wohl über nichts anderes wurden so viele Hymnen, Gedichte, Dramen, Opern und Romane geschrieben, wie über die Liebe. Dennoch gibt es kaum einen anderen Begriff, der so sehr mit Missverständnissen und Tabus belegt ist wie eben die Liebe. Und über kaum etwas gibt es soviel Zank und Streit als über die Frage, was nun Liebe ist und was nicht Liebe ist.

Wenn wir den Reiki-Weg gehen, den Weg des Herzens, dann können wir uns um die Liebe nicht herumdrücken, sondern müssen uns fragen, was Liebe für uns ganz persönlich ist. Vor allem dann, wenn wir sie als höchste Tugend anstreben und gerade das sollen wir am Reiki-Weg ja tun.

In spirituellen Ausbildungen, der christlichen ebenso wie der buddhistischen, der daoistischen oder schamanischen, begegnet uns immer eine Aufforderung und eine Feststellung im Zusammenhang mit Liebe:

- Lerne lieben!
- Gott ist die Liebe

Lerne lieben! Nun das sagt sich so leicht. Wie, wenn man

nicht einmal weiß, was nun wirklich Liebe ist und was nicht? Da begegnen einem Bücher, deren Titel sagen beispielsweise, „Wenn es verletzt, ist es nicht Liebe". Gut auf den ersten Blick, mangelhaft auf den zweiten. Oder, „Liebe dich selbst und es ist egal, wen du heiratest!" Nun, nach dem Schmunzeln kommt ganz sicher das Erwachen. Du legst es beiseite und suchst bei den alten Meistern – alles Männer! Hohe Worte, kaum Umarmung. Die Liebe wird auf einen Thron gehoben, die Frauen müssen jungfräulich und unberührt sein, immer schön und gut duften, sonst verlieren sie sehr schnell an Wert und die Männer müssen enthaltsam sein, sehr gescheit aber lustlos und fad. Das kann doch so nicht sein.

Liebe, wer bist du?
Liebe, wo bist du?
Liebe, wann kommst du?

Erich Fromm schreibt in einem Buch, dass wir in unserer modernen Zeit zwar die Sexualität enttabuisiert haben, nicht aber die Liebe. Und er sagt, nicht die Liebe hat der Sexualität zu folgen, sondern die Sexualität hat der Liebe zu dienen. Darüber lohnt es sich nachzudenken. Denn ich frage mich, kann man überhaupt die Aufforderung, „lieben zu lernen", erfüllen? Lässt die Liebe sich befehlen? Herbeibefehlen? Herbeibitten? Herbeiflehen? Ich glaube, jeder Mensch macht irgendwann den Versuch, die Liebe herbeizaubern zu wollen und erlebt das Scheitern in seinem Verlangen nach Liebe. Liebe lässt sich nicht erzwingen.

Wenn Gott die Liebe ist, dann können wir wohl die Liebe ebenso wenig ergründen, wie wir Gott in seiner/ihrer Allmacht und Allgegenwart ergründen können als zeitliche Menschen, die wir unsere Schwierigkeiten mit dem Planeten Erde haben und wenig Ahnung von den Sternen, so millionenfach. Wenn Gott die Liebe ist, dann lässt sie sich nicht befehlen, genau wie wir über Gott nicht befehlen können. Wenn Gott die Liebe ist, dann geht ja die Liebe von Gott aus, als das feinste, das schönste, das geheimnisvollste und das größte Geschenk, das wir erleben können. Liebe ist ein Geschenk. Liebe ist das Geschenk wunderbar feiner Nähe, Anziehung und Begeisterung, die mich mit einem anderen Lebewesen tief verbindet und die mich in mir selbst tief berührt. Liebe, die mich ruft in den Blüten der Blumen und in den Augen der Kinder, im Pfeifen des Windes, im Gurgeln des Wassers, im Tanz der Wellen ... ja, wahrscheinlich ruft sie öfter, als ich sie in meiner Geschäftigkeit hören kann.

Liebe erfordert Begegnung.

Erst in der Begegnung mit dem Du, dem anderen Lebewesen, sind wir fähig zu erfassen, was es bedeutet, zu lieben und geliebt zu werden. Daher erfordert Liebe Mut! Mut, sich einzulassen auf andere Menschen und Lebewesen, auf die Natur, auf den Kosmos und auf Gott. Erst wenn wir uns einlassen, also bereit sind zu geben und zu nehmen, kann Liebe fließen. Das Einzige, was ich also tun kann, ist bereit sein für die Liebe. Offen sein für die Liebe und die Liebe auch annehmen, vorsichtig und dankbar, in dem Augenblick, in dem sie da ist. Die Liebe pflegen und hüten, wie ein kostbares Kleinod, ja, das kann ich tun.

Lieben lernen bedeutet, bereit sein für die Liebe. Den Stall ausmisten. Die negativen Gedanken und Gefühle wegräumen, die das Eintreten der Liebe in meinen Herzenstempel verhindern könnten. Das kann ich tun. Sauber machen in mir selbst, Platz schaffen für das Gute. Ich kann auch lernen, meine Vorurteile anderen Menschen gegenüber – die sind ja alle schlecht und intrigant und ausbeutend – wegzuräumen. Ich kann lernen, in meinen Gedanken den Anderen Gutes zuzutrauen, zumindest kann ich sie mit meinen guten Gedanken segnen. Lieben lernen heißt gütig sein lernen, fair und gerecht sein lernen und all die anderen Tugenden pflegen.

Vielleicht sollten wir einfach aufhören, uns den Kopf darüber zu zerbrechen, was alles NICHT Liebe ist. Genau wie wir aufhören sollten, uns den Kopf darüber zu zerbrechen, was alles NICHT Gott ist. Denn wenn Gott die Liebe ist, immer da, allmächtig, allgegenwärtig und in allem und jedem vorhanden, ja, dann liegt es doch nur an mir, gut genug hinzusehen, um Gott und die Liebe in Allem und Jedem zu finden.

Vielleicht liegt es ja an mir, dass sich die Liebe aus dem einen oder anderen Menschen nicht herauszuschauen getraut? Vielleicht verhalte ich mich zu unachtsam, zu spöttisch oder mache mich gar lustig, wenn sie sich mir zeigen will? Bin ich bereit für das Geschenk der Liebe? Bin ich gut vorbereitet auf das Geschenk der Liebe? Bist du wirklich bereit, das Geschenk der Liebe anzunehmen? Bist du gut vorbereitet, das Geschenk der Liebe anzunehmen?

Was kann ich dir also neben all den Poeten und Propheten über die Liebe anbieten? Hauptsächlich Fragen über Fragen!

Doch das ist immer gut, denn die Antwort kann nur aus dir selbst kommen. Genau wie die Liebe.

Gerade Heute
will ich mich öffnen,
wie der Kelch einer Blüte,
um meinen lächelnden Duft zu verströmen
und den Tautropfen der Liebe
in meiner Dankbarkeit
zu empfangen.

Wandlung

vom Wissen zum Sein

Betrachte das Leben nicht als einen Ort
zur Ansammlung von Gewinn,
sondern als eine Gelegenheit zum Lernen,
so gewinnst du eine Haltung, die dich freundlich,
gütig und allem Leben gegenüber
wohlwollend sein lässt.
David R. Hawkins

Die moderne Gesellschaft ist geprägt von virtuellen optischen und akustischen Reizen. Spirituell nicht geschulte Menschen nehmen diese Reize ungefiltert auf und speichern die Inhalte als „Wissen“ im Gehirn ab. Dieses Sekundärwissen unterscheidet sich aber wesentlich vom Primärwissen erlebter Erfahrung. Erlebte Erfahrung führt zu Be-GREIF-en und bewusster HAND-lung. Wir sehen hier in der Sprache schon die Verknüpfung mit der Hand. Das Fühlen, das Tasten mit den Händen und die energetische Erfahrung des Abtastens fehlen beim

Sekundärwissen völlig. Die virtuelle, optische und akustische Welt überträgt daher Wissen nur in Teilaspekten, nicht aber in der Ganzheit, wie eine lebendige Erfahrung es mit sich bringt.

Ich möchte mich eines Beispiels bedienen:

Einem kleinen Jungen wird ein Film gezeigt in dem ein anderer Junge mit einem Roller zu waghalsig schnell fährt, stürzt und sich das Knie blutig schlägt und dann von seiner Mutter verarztet und getröstet wird. Der den Film betrachtende Junge speichert die Bilder als Wissen ab – er meint zu wissen, wie es ist, wenn man zu schnell fährt, stürzt und sich die Knie blutig schlägt. In Wirklichkeit weiß er aber nicht, wie es sich anfühlt, so schnell zu fahren, zu stürzen und er weiß nicht, wie weh das blutige Knie tut und er weiß nicht, wie gut und wichtig der Trost der Mutter ist. Erst wenn er solch eine Erfahrung gemacht hat, verfügt er über tatsächliches Wissen. Wer sich in Reiki einweihen lässt, gewinnt in allen Bereichen seines Lebens einen tieferen Zugang zu Erfahrung und Wissen. Reiki lehrt uns authentisch zu sein. Reiki hilft uns, die Realität in all ihrer Tiefe, Schönheit und auch Verletzlichkeit wahrzunehmen. Reiki lehrt uns Verantwortungsbewusstsein und Selbstbestimmtheit.

Das Unterscheidungsvermögen zwischen Sekundärwissen und Primärwissen wird gestärkt und mit zunehmendem spirituellem Fortschritt begreift der Mensch auf dem goldenen Pfad, dass ihm letztendlich „Wissen“ allein auch nicht weiterhilft und er erkennt die Notwendigkeit, was man weiß, so zu verinnerlichen, dass man es selbst ist.

Dies ist der so bedeutende Schritt der Wandlung:

- Von „Ich weiß, ich kann wieder gesund werden“ zu „Ich BIN gesund!“
- Von „Ich weiß, wie wichtig Liebe ist“ zu „Ich BIN Liebe!“
- Von „Ich weiß um die Kraft des Friedens“ zu „Ich BIN Friede!“

Bevor dieser Wandlungsschritt zum SEIN erfolgen kann, müssen wir aber viele Erfahrungen und Primärwissen sammeln. Das heißt, wir müssen alle Aspekte einer Wahrheit erlebt und erfahren haben, um die Wahrheit als Ganzes sein zu können. Der Schatten, der negative Pol muss integriert werden, um tatsächlich das Ganze sein zu können. Wer sich nur mit dem Wissen begnügt, dass er wieder gesund werden kann und dabei versucht, die Krankheit insofern zu bewältigen, als er sie wegschiebt aus seinem Radius, wird vielleicht gesund werden, vielleicht auch nicht. Bei jedem Gedanken „Ich weiß, ich kann gesund werden“, schwingt das VIELLEICHT als Fragezeichen und Zweifel mit. Wer den Wandlungsschritt zum Bewusstsein „Ich BIN gesund“ tatsächlich geschafft hat, der weiß, dass die Krankheit ein Teilaspekt von Gesundheit ist. Es gibt keinen Zweifel mehr und auch kein Fragezeichen, das einzige was bleibt, ist die Frage der Zeit, die es braucht, bis die Schwingung „Ich BIN gesund“ solch eine Kraft entwickelt hat, dass sie sich vollkommen realisieren kann.

Betrachtest du diese Aussage von mir als Sekundärwissen, so werden die Zweifel an der Echtheit meiner Aussage bleiben.

Du musst also selbst den Schritt der Wandlung vollbringen, um erfahren zu können, was es bedeutet:

- „Ich BIN gesund“
- „Ich BIN Liebe“
- „Ich BIN Friede“

Kein noch so guter Lehrer, kein Gebot und kein Verbot der Welt kann Wandlung für dich bewirken. Aber es gibt eine Energie, eine universelle Energie der Gnade, die uns hilft, Wandlung zu erfahren. Reiki ist solch eine spirituelle Heilenergie der Gnade. Gebet ist solch eine spirituelle Heilenergie der Gnade, Meditation und ein tiefer Glaube an die Liebe Gottes sind auch solch eine Kraft, die uns zu helfen vermag, das tatsächlich zu SEIN, was wir immer werden wollten. Wie lange wir suchend gehen, wie oft wir uns drehen, es ist nicht von Bedeutung. Von Bedeutung ist einzig und allein, dass wir schlussendlich nicht nur wissen, was gut und richtig ist, sondern dass wir selbst das sind, was gut und richtig ist. Es hilft der Seiltänzerin wenig, zu wissen, wie Seiltanzen geht; ihre Aufgabe ist es, Seiltänzerin zu sein. Und ist sie es, so wird sie nicht abstürzen. Wer aber glaubt, es genügt (es besser) zu wissen, wie Frieden geht und selbst nicht Frieden ist, der läuft ganz schnell Gefahr, ins Dilemma des Streites und des Zwiespalts hinabzupurzeln.

Die Qualität des SEINS hat mit Erfüllung zu tun.

- Indem wir gelernt haben, Friede zu sein, erfüllen wir die Qualität des Friedens.
- Indem wir gelernt haben, Liebe zu sein, erfüllen wir die Qualität der Liebe.
- Indem wir gelernt haben, glücklich zu sein, erfüllen wir die Qualität von Glück.

Es bedeutet, den Kelch der höchsten Ideale in uns zu füllen, damit wir sein können, wozu wir berufen sind. Sobald wir unseren Kelch zu erfüllen beginnen, ist die Zeit gekommen, die Glaubensbekenntnisse hinter uns zu lassen und stattdessen die schwesterliche und brüderliche Gemeinschaft inmitten der Menschen tatsächlich zu leben. Wenn wir bemüht sind, unser höchstes Ideal zu verwirklichen, dann brauchen wir uns zu keinem höheren Ideal bekennen. Wissen und Bekenntnis allein bringen weder Friede noch Liebe, noch Erleuchtung in die Welt. Erst wenn wir die Liebe wirklich erfüllen, den Frieden, die Güte und unser Licht ausstrahlt, weil wir selbst das Licht geworden sind, dann schwingt die Kraft in, durch und mit uns. Dann lebt die Kraft, die uns alle trägt, erlöst und vollkommen heilt, durch uns neu auf.

Teil 2

Das Wesen einer Heilkunst, die sich in den letzten Jahren rund um die Welt ausgebreitet hat

Die innere Stille

In der Reiki-Einweihung nimmt dich die innere Stille auf. Die innere Stille ist der göttliche Raum in uns, der Tempel des Lichtes, der Herzenstempel. Dies ist der Raum, in den wir immer wieder *bewusst* eintreten sollen, um uns mit der höchsten Kraft, Energie und Weisheit der universellen Quelle zu verbinden. Diese innere Zentriertheit bedeutet, sich selbst in seinem Ego völlig zurückzunehmen, um sich im höchsten Vertrauen der Kraft Gottes vollkommen hinzugeben. In dieser Allverbundenheit, durch die Hingabe an die göttliche Allgegenwart, Anwesenheit und Liebe, können wir unser Herz öffnen als reinen Kanal des universellen Lichtes, um Reiki optimal zu empfangen. Die Aufgabe des/der Reiki-Meister/in ist es, mit Hilfe des Meistersymbols sich mit der Weisheit des allerhöchsten Lichtes zu verbinden und in absoluter Stille und Demut dem reinen Strahl von Reiki zu dienen: ohne persönliches Wollen, ohne Zierde und Beiwerk, nur in reinster Hingabe und mit absolutem Vertrauen. Diese klare Schwingung ermöglicht es, dass die Stille des göttlichen Raumes sich aus dem Herzen heraus auch in den äußeren Raum, in dem du dich befindest, erstrahlt. Es ist somit etwas, das die meisten Menschen als etwas Heiliges spüren. Dies Heilige ist die Stille, aus der das Leben harmonisch hervorgeht. Es sind die Liebe, das Urvertrauen und der tiefe Friede, der universellen Quelle, was sich durch die Stille auszubreiten beginnt. Andacht entsteht. Andacht kann nicht willentlich herbeigerufen werden, sondern entsteht durch das Betreten des inneren Raumes der Stille. Andacht bedeutet bewusste Einkehr und nach innen schauen. Sind der Gedankenraum und die Schwingung des Menschen, der sich gerade in Reiki einweihen lässt, noch sehr angefüllt mit äußeren Programmen, Erwartungshaltungen und fixierten Vorstellungen, so wird der Mensch diese heilige Stille zunächst nicht wahrnehmen können. Doch durch die Reiki-Praxis, das möglichst tägliche Auflegen der Hände auf den eigenen Körper während der Reiki-Behandlung, wird die grobe Struktur im Wesen des Menschen transformiert. Wir spüren dies als Ruhe, als Entspannung und als ein harmonisches Gefühl, das nach und nach unseren Körper, unsere Psyche und unseren Geist erfüllt. Wir können loslassen und still werden. Die Aktivierung der Reiki-Energie in den eigenen Händen als Geschenk der Reiki-Einweihung ist eine große Hilfe, um in diese so heilige und heilende Stille eintauchen zu können.

Doch auch im Alltag ist es unsere Aufgabe, den Raum der Stille zu hüten. Diese Welt ist so laut geworden, so dass Geräusche und Lärm die feinen Schwingungen, den zarten Klang und die Harmonie in unseren Siedlungen, aber auch in der Natur, sogar in der abgeschiedenen Bergwelt stören. Es ist meine und deine Aufgabe, den Raum der Stille zu pflegen und zu hüten. In der

Stille liegt die ganze Kraft. In der Stille finden wir die Allweisheit, die Allmacht und die Allgegenwart, also die ewige und immerwährende An-Wesenheit Gottes. Unsere Chance auf ein gesundes, erfülltes und glückliches Leben liegt darin, mit Gott in Berührung zu sein, um die Allweisheit und die Allmacht durch Gottes Anwesenheit in uns zum höchsten Wohle nutzen zu können. Zerstreute Macht ist Lärm in Unbewusstheit. Konzentrierte Macht ist Schweigen in Bewusstheit. Dies Schweigen vermag es, uns ins Zentrum Gottes zu bringen. Es verlangt von uns, alle Kraft auf einen Punkt zusammenzufassen, in Hingabe an das Höchste Selbst in uns. Dann sind wir EINS. Es gibt viele gute spirituelle Techniken aber nur diesen einen Weg, der in die Arme Gottes führt: Die Berührung mit universellem geistigen Licht suchen, finden und erleben!

Gott offenbart sich von innen heraus, also müssen wir in uns schauen, damit wir mit Gottes Kraft in spürbare Berührung kommen können. Reiki ist eine der vielen guten Möglichkeiten, uns in diese innere Reise zu führen. Sobald du still bist, dir selbst die Hände auflegst und in dich selbst hineinspürst und hineinlauschst, wirst du enorm profitieren in deinem inneren Wachstum. Lerne still zu sein, zu schweigen und unnötige Geräusche, die deine Nerven strapazieren, abzuschalten. Aus dem Schweigen kommt das voll bewusste Wort der Klarheit und Wahrheit und nur dieses Wort hat volle schöpferische Kraft. Die Kraft der Stille, die Macht des Schweigens erzeugen GOTT-BEWUSSTE Gedanken und Worte, die sich augenblicklich in der höheren

Schwingung des Klanges manifestieren. Es ist dann nur eine Frage der Zeit, bis das so Erschaffene sich auch irdisch und materiell zeigt. Die Stille ist der Leib und somit das Gefäß, der Kelch der Wahrheit. Wenn du still bist, dann bist du ganz bei dir. Bist du ganz bei dir, so bist du auch bei deinem Schöpfer. Deine Sinne schwirren dann nicht in der Außenwelt herum. In der Stille findest du deine eigene Mitte, bist im Zentrum der (deiner) Welt und Wahrheit. Die Stille ist der Atem deiner Seele. Die Stille ist die Essenz von Reiki, aus der, für das menschliche Gehör nicht wahrnehmbare Klangvibrationen hervorgehen, welche die Lichtfrequenz erzeugen, die du zur Heilung brauchst.

Gott ist eine „Ton-Sprache", welche Licht hervorbringt und zum Ausdruck bringt. In der Überlieferung heißt es: „Gott sprach zu Moses mit tönender Stimme". Doch das bedeutet nicht, dass Gott laut gesprochen hat. Eine Tonstimme ist nicht eine laut tönende Stimme, sondern sie ist eine Stimme mit einheitlicher Frequenz und kann deshalb Licht zur Erscheinung bringen. Dies ist nur durch die konstant gleichbleibende Ton-Frequenz möglich, die vollkommen geräuschlos sein kann, dennoch ertönt sie. Ertönen bedeutet Ganzheit. Es bedeutet, das ganze Wesen in die Stimme zu legen, so wird die Stimme klangvoll. Mit tönender Stimme zu sprechen, bedeutet in Vollkommenheit zu sprechen. In der Qualität der Stille erfahren wir diesen vollkommenen Ton.

Der menschliche Hörbereich wird in Hertz gemessen und erstreckt sich etwa über eine Spannbreite von 20 Hz bis ca. 16.000 Hz (16 KHz). Je tiefer oder höher der Frequenzbereich ist, umso höher muss jedoch auch der Schalldruck sein, damit ein Ton noch vom Menschen gehört werden kann.

Eine Ton-Frequenz von 740 Fis Hz und einer Wellenlänge von 46,4 cm erzeugt beispielsweise purpur farbenes Licht. Es steht in Verbindung zum Kronenchakra.

Eine Ton-Frequenz von 622 Dis Hz und einer Wellenlänge von 55,1 cm erzeugt viollettes Licht. Es steht in Verbindung mit dem dritten Auge.

Eine Ton-Frequenz von 587 D Hz und einer Wellenlänge von 58,4 cm erzeugt blaues Licht. Es steht in Verbindung mit dem Kehlkopfchakra.

Eine Ton-Frequenz von 523 C Hz und einer Wellenlänge von 65,6 cm erzeugt grünes Licht. Es steht in Verbindung mit dem Herzchakra.

Eine Ton-Frequenz von 466 Ais Hz und einer Wellenlänge von 73,6 cm erzeugt gelbes Licht. Es steht in Verbindung mit dem Solarplexus.

Eine Ton-Frequenz von 440 A Hz (Kammerton) und einer Wellenlänge von 78 cm erzeugt oranges Licht. Es steht in Verbindung mit dem Sakralchakra.

Eine Ton-Frequenz von 392 G Hz und einer Wellenlänge von 87,5 cm erzeugt rotes Licht. Es steht in Verbindung mit dem Wurzelchakra.

Gerade JETZT und gerade HEUTE sei der Stille eingedenk und kehre ein in deinen innersten Herzenstempel, in die Andacht des Schweigens.

Gerade Heute
will ich in die Stille gehen,
um die Perle meiner Kraft
aus dem Urgrund zu tauchen.

Die wahre Absicht

Was immer wir in unserem Leben verwirklichen wollen und tun, im kosmischen Gesetz wiegt die wahre Absicht, die wir im Herzen tragen. Beginne deine wahre Absicht zu ergründen und lerne sie mit großer Entschlossenheit anzuwenden, dann wird der Kosmos deine Absicht mit aller Kraft unterstützen und Tür und Tor tun sich dir auf! Jede Art von Misserfolg in unserem Leben beruht entweder auf einer halbherzigen, mangelhaften Absicht, mit der das Erwünschte angestrebt wird, oder aber auf einer falschen und unklaren Absicht, die dem Erwünschten entgegenwirkt. Daher ist es wichtig die wahre Absicht, die du in deinem Herzen trägst, zu ergründen und sie dann in eine vollkommen klare Ausrichtung zu bringen.

Absicht, das ist kein unerschütterlicher, fester Vorsatz der in uns keimt, das wäre eher Verbissenheit, mit der manche Menschen versuchen ihre Ziele zu erreichen. Aber Härte und Verbissenheit sind der wahren Absicht hinderlich, denn sie engen das klare und reine Energiefeld ein, oder trüben es durch den Versuch Gewalt anzuwenden. Absicht ist eine Kraft im Sinne eines

Energiefeldes, das im Universum schwingt und welches gepflegt werden will.

Wenn du den Reiki-Weg gehen willst, dann brauchst du eine klare und reine Ausrichtung in allem, was du denkst, sagst und tust. Diese klare Ausrichtung soll synchron gehen mit deiner wahren inneren Absicht. Wenn ein Mensch beispielsweise vorgibt, einem anderen Menschen durch dies oder das helfen zu wollen, im Herzen aber nicht die wahre und reine Absicht trägt, tatsächlich bestmöglich zu helfen, sondern vielleicht einfach nur Geld verdienen will, oder eigenen Ruhm und Anerkennung ernten, dann stimmt die Absicht nicht mit dem vorgegebenen Ziel, „Hilfe zu leisten“, überein. Der Kosmos unterstützt diese „unwahre Absicht“ nicht! Und der Kosmos unterstützt auch nicht die unklare, dahinterliegende Absicht dieses Menschen, Geld zu verdienen oder Ruhm und Anerkennung zu ernten, denn es fehlt die klare Ausrichtung. Nur wenn die innerste Absicht mit klarer Ausrichtung dargelegt wird, in Gedanken, Worten und Werken, dann sprechen wir von wahrer oder wahrhaftiger und reiner Absicht.

Reiki ist eine universelle Energie, welche die kosmischen Gesetze zu verstärken vermag. Daher wirst du in deiner Reiki-Praxis schnell merken, dass alles, was deiner wahren Absicht entspricht, durch Reiki gefördert wird, dass aber auch alles, was nicht deiner wahren Absicht entspricht, nicht mehr länger versteckt werden kann, sondern an die Oberfläche kommt und sichtbar wird. Für manche Menschen ist dies ein Grund die Finger von Reiki zu lassen, oder Reiki zu bekämpfen, denn sie möchten nicht erkannt und durchschaut werden in ihrer Absicht. Wir sollten diese Menschen, die solche zweideutigen Strategien anwenden, segnen und ihnen den Lernschritt ganz einfach zugestehen, den sie gerade machen. Für dich selbst wird es das Beste sein, die Verstrickung mit solchen Menschen ganz einfach zu vermeiden. Kümmere dich um deine wahre Absicht und nicht um die der anderen!

Das Interessante am Energiefeld der wahren Absicht ist, dass diese Energie augenblicklich da ist, sobald das Licht der wahren Absicht in unserem Herzen aufblitzt, oft lange bevor wir in unseren Gedanken unsere eigene Absicht überhaupt erkennen können. Die Absicht ist sozusagen die Energie, die uns mit unserem Ziel verbindet, lange bevor wir uns selbst unseres Zieles bewusst sind. Dies ist eine sehr interessante Sache, denn denkst du darüber nach, dann wirst du erkennen, dass es im Universum eine Intelligenz gibt, die viel schneller und klarer „dein Ziel" erfassen kann, als dies dir selbst möglich ist.

Ich habe dies in meinem Leben immer wieder erlebt. Oft verspürte ich die wahre Absicht in meinem Herzen als eine ganz starke Sehnsucht, ohne dass ich überhaupt hätte beschreiben oder definieren können, wonach ich Sehnsucht habe. Jahre später, nachdem ich Ziele erreicht habe, die mir zum Zeitpunkt des Aufflammens der wahren Absicht noch völlig im Verborgenen lagen, erkannte ich, dass dieses Ziel wohl einer höheren Intelligenz erkenntlich war und ich nur durch meine klare Herzensausrichtung

Stufe für Stufe geführt wurde, wie von unsichtbaren Händen. Schließlich erkannte ich, dass meine wahre Absicht Gott zu dienen darin liegt, eine klare, offene und ehrliche Kommunikation zwischen mir und allen anderen Lebewesen aufzubauen. Heute ist dienen für mich gleichbedeutend mit wahrer Kommunikation und reiner Absicht. Es bedeutet Gott in allem zu sehen, was im Universum existiert und Gott in allen Erscheinungen zu respektieren.

Unsere Absicht sollte immer die höchsten Ideale anstreben: Vollkommenheit, Liebe, Friede, Harmonie, Freude und Leichtigkeit. Beginnen wir den Tag mit der Absicht, gerade Heute diese höchsten Ideale einzuladen und zu bewirten, mit den edelsten Eigenschaften, die wir aufzubieten im Stande sind, so wird dieser Tag ein wunderbarer und heiliger Festtag in unserem Leben sein. So ein Tag wird uns reich beschenken. Nichts macht uns so glücklich und zufrieden, wie das Gefühl das uns durchströmt, wenn sich die höchste Absicht segenbringend in unserem Leben auszubreiten beginnt.

Mache ein kleines Spiel daraus. Serviere dir gerade Heute einen Morgendrink der guten Laune. Schärfe deinen Blick mit Achtsamkeit. Schaue mit Freude in den Tag. Kremple deine Ärmel auf und verrichte deine Arbeit mit der Absicht gerade Heute dein Bestes zu geben. Zu Mittag halte ein und gönne dir einige Minuten der Ruhe und Stille, finde dich in deiner Mitte und richte dich für den Nachmittag mit exakter zielgerichteter Zuversicht aus. Sei vorsichtig und mache kleine Schritte, damit du nichts

Wertvolles unachtsam zertrittst. Bücke dich und bestaune auch die kleinen Dinge, die sich am Boden verstecken. Richte dich dann wieder gerade auf und blicke weit nach vorne. Sei dir deiner Kraft und der Schönheit bewusst, die in der reinen Absicht der Liebe in deinem Herzen liegen. Dann genieße den Abend in dankbarer Freude und stiller Zufriedenheit.

Stolz darf der Himmel mit dir sein und glückerfüllt, in tiefer Dankbarkeit, für einen so wunderschönen Weltentag, der mit nichts weiter begann, als mit der klaren Absicht, gerade Heute diesen Tag mit Licht zu erfüllen.

Am Anfang war das Wort,
tief in mir
in Gott,
bis mein erster Schrei
es als mein eigenes Wort
erkannte.

Klare Kommunikation

Beginne damit deine wahre Absicht auszusprechen und aufzuschreiben. Ich will dir dazu einige Anregungen geben:

- Ich habe die Absicht immer und in jeder Situation meine Würde und meine Selbstachtung zu bewahren.
- Ich habe die Absicht mein Leben nach dem höchstmöglichen Sinn auszurichten.
- Ich habe die Absicht meinem innersten Ideal immer die Treue zu halten.
- Ich habe die Absicht anderen Menschen offen und aufrichtig zu begegnen und diese in ihrer Eigenart zu respektieren.
- Ich habe die Absicht die Ruhe zu bewahren und die Stille zu pflegen.
- Ich habe die Absicht ein gesundes, erfülltes, glückliches und erfolgreiches Leben zu führen.
- Ich habe die Absicht meine eigenen Fähigkeiten und Rechte ebenso anzuerkennen, wie die Fähigkeiten und Rechte anderer Menschen und Lebewesen.
- usw.

Indem du dir selbst deine Absicht bewusst machst, diese aussprichst und aufschreibst, beginnst du dich mit dem höheren Energiefeld der Liebe, des Friedens und der Heilung zu verbinden und die höhere Intelligenz kann dich so leichter erfolgreich durch dein Leben führen. Je mehr du dich mit deiner Absicht beschäftigst, umso mehr werden dir auch deine Widersprüche auffallen. Das ist gut so, denn erst wenn du deine Widersprüche und unklaren Denkgewohnheiten erkennst, kannst du sie in Klarheit verwandeln. Nehmen wir zum Beispiel den Satz:

- Ich habe die Absicht meinem innersten Ideal, meiner Integrität immer die Treue zu halten.

Integrität bedeutet: Tue niemand anderen an, was du nicht willst, dass dir angetan wird.

Nun hast du also die Absicht bekundet deinem Ideal, der Integrität, die Treue zu halten. Doch es ergibt sich die Situation im Straßenverkehr, dass du elegant ein anderes Auto ausbremst, das auf einen Parkplatz wartet. Du schnappst den Parkplatz weg, einfach weil du schneller bist und denkst nicht darüber nach, wie der andere Mensch sich fühlen mag. Einige Tage später wartest du stundenlang bei einer Behörde, eigentlich bist du die/der Nächste, doch da kommt eine ganz gerissene Person und drängt sich mit einem Trick vor. Wie reagierst du?

Wenn du wirklich deinem Ideal der Integrität die Treue halten willst, dann musst du das nun völlig gelassen als logische Folge hinnehmen, denn es kommt aus dem kosmischen Gesetz deiner wahren Absicht, die du bekundet hast, indem du auch auf gerissene Art und Weise einem Anderen den Vorrang für den Parkplatz genommen hast! Jetzt musst du warten.

Ich muss manchmal laut lachen, wenn ich erkennen darf, wie wunderbar logisch das kosmische Gesetz mich führt und auch belehrt und ich freue mich jedes Mal, wenn ich die Belehrung verstehen darf, denn dies ist bereits ein großer Fortschritt in meinem Wachstumsprozess und in meiner Entwicklung der wahren Absicht.

Klare Kommunikation zu lernen, in Gedanken und in deiner eigenen inneren Zwiesprache ebenso, wie in deiner Mitteilung gegenüber anderen Menschen, ist eine der wichtigsten Stufen für deinen Erfolg. Positive Gedanken ziehen positive Handlungen nach sich! Achte daher sehr darauf welche Gedanken du hast und welche Worte und Begriffe du benutzt. Vermeide negative Begriffe, transformiere sie zu positiven Begriffen.

Bedenke, wenn die negativen Begriffe allesamt transformiert sind, dann verschwindet das Negative ganz einfach aus unserer Welt! Denn alles, was wir tun hat dahinterliegend ein Gerüst aus Gedanken und Emotionen. Ersetzen wir negative Gedanken und Emotionen durch positive, so bringt das Gerüst unseres Denkens nur Handlungen hervor, die positiv ausgerichtet sind. Wenn es kein Wort mehr gibt für Betrug, für Krieg, für Lüge, für das Böse usw., dann verschwindet Betrug, Krieg, Lüge und das Böse. Je weniger Menschen diese Worte und Gedanken verwenden, umso transparenter wird das negative Maschengitter um uns. Aber bedenke, das ist keine Aufforderung, die Augen zu verschließen vor dem was sich tatsächlich rund um dich abspielt und so zu tun, als gäbe es Böses, Lüge und Krieg nicht. Das wäre dumm und würde auch nichts bringen. Nein es geht einzig und allein darum, dass wir diesen negativen Begriffen die Energie entziehen! Es bedeutet also:

- Nicht gegen den Krieg, sondern für den Frieden eintreten
- Nicht gegen das Böse kämpfen, sondern das Gute fördern
- Statt Betrug anzuprangern, Menschen auffordern, die Qualität der Fairness zu leben
- Sich in Gedanken nicht gegen die Krankheit, sondern für die Gesundung ausrichten

Sobald unsere eigene Absicht mit vollkommener Klarheit auf die höchsten Ziele der Liebe, des Friedens, der Harmonie, der Freiheit und der Würde gerichtet ist, schwingen wir synchron mit dem Energiefeld der universellen wahren Absicht und das Universum beginnt uns zu führen und zu unterstützen. Die innere und äußere klare Kommunikation wirkt wie zwei Paddeln, die ein Boot nun mit harmonischen Bewegungen in die Flussrichtung des kosmischen Stromes steuern und eben nicht dagegen oder quer hinein.

Alles im Universum folgt dem immer gleichen Prinzip:

Das was aus der Einheit kommt strebt in die Vielfalt!

Jedoch am äußersten Rand der Teilbarkeit angekommen, wendet sich die Energie und strömt zurück in die Einheit, hin zum Ursprungspunkt. Es verhält sich so, wie die kreisrund sich ausbreitenden Wellen in einem ruhigen Wasser, die durch einen hinabfallenden Stein in Bewegung geraten. Die Wellenkreise dehnen sich aus bis zum äußersten Rand und streben dann wieder nach innen, hin zum Ursprungspunkt, aus dem sie ausgetreten sind. Nur ist es in unserer Welt eben so, dass die Ruhe fehlt. Das heißt, zu viele Wellen und Schwingungen beginnen sich zu überlagern und Reaktionen nach dem Gesetz der Resonanz wirken oftmals auch störend auf die Entwicklung ein. Die einzige Chance, die der einzelne Mensch in dieser Verwirrung der energetischen Strömungen in unserer Welt hat, ist die Möglichkeit, selbst vollkommen ruhig und still zu werden. Dann kann zumindest in diesem einzelnen Wesen sich die Verwirrung langsam legen, die Bewegungen laufen an den Rand des Möglichen aus und drehen sich automatisch um, um wieder dem Zentrum und Ursprung zuzuströmen. Die Stille und das Schweigen schaffen Klarheit. Das, was aus der Vergangenheit an Verwirrungen mitgebracht wurde, muss durchlebt werden, damit es zur Ruhe kommen kann und erlöst wird. Und alles, was wir durch klare Gedanken, wahre Absicht und eindeutige Kommunikation neu in Bewegung setzen, folgt harmonischen Wellenbewegungen. Auch wenn unsere Mitwelt und Umwelt turbulent ist und wir zuweilen in den Strudel der aufgewühlten und verwirrten Energienwellen geraten, so können wir diese Turbulenzen bestmöglich überwinden, wenn wir mit dem Strom der Klarheit, der wahren Absicht und der universellen Liebe unsere Paddel – Gedanken und Worte - innen und außen ruhig und im Gleichklang bewegen, immer mit dem Fokus auf unser höchstes Ideal.

Sobald wir uns aber in unseren Gedanken und Worten unklar verhalten und mit halbherziger oder unwahrer Absicht agieren, zieht es uns noch tiefer in die Verwirrung hinein und wir selbst werden Mitverursacher dieser Turbulenzen, die als schwere karmische Rückschläge auf uns zurückfallen, gemäß dem kosmischen Gesetz von Ursache und Wirkung.

Ein großer Meister erklärte es mir einmal mit einem Wollknäuel. Er sagte:

Stelle dir vor, dein Lebenslauf ist fein aufgerollt wie bei einem Wollknäuel. Rollst du den Lebensfaden mit Bewusstheit nach und nach ab und folgst ihm, so gehst du einen geraden Lebensweg mit leichten Biegungen harmonisch dahin. Strebst du aber uneindeutig und zerrissen einmal in diese Richtung und einmal in jene, folgst mal da einer Spur und mal dort einer Versuchung, so wird dein Lebensfaden sich bald ebenso verwirren und verknoten, als hätte eine Katze mit dem Knäuel gespielt und ihn willkürlich hin und her gerollt. Dann passiert es, dass dein Lebensfaden so verknotet wird, dass du nicht mehr weiter kannst, nicht vor und nicht zurück. Sollte dies passieren, dann bedenke, wenn du zu heftig ziehst, dich wehrst und wütend agierst, wird dein Lebensfaden reißen! In so einer Situation musst du für Entspannung sorgen und mit viel Geduld, die Verwicklung auflösen –

nur so kann dein Lebensfaden wieder weiterlaufen.

Reiki hilft dir deinen Lebensfaden ruhig und harmonisch abzuspulen. Reiki hilft dir auch alte Verwirrungen und Verknotungen zu lösen. Doch Reiki kann dies nicht ohne deine aktive Mithilfe tun. Dein Lebensfaden folgt deiner vollkommen klaren inneren und äußeren Kommunikation.

Das Kleine ist die Grundlage
für das Große.
Das Große ist die Heimat
für das Kleine.
Was macht es also aus,
ob du klein bist oder groß ?

Die Sinnsuche

Deine Seele nährt sich vom Sinn der Dinge,
nicht von den Dingen selbst.
Die Stadt in der Wüste
Antoine de Saint-Exupéry

Alle Erscheinungen in unserem Universum haben ihren ureigensten Sinn, der sich mit der Entwicklung der Erscheinungen auch verändert, wie sich alles, was erscheint, verändert. Betrachten wir einen Stein, welchen Sinn hat er? Wir stellen schnell fest, dass die Frage nach dem Sinn im Allgemeinen keine tatsächliche Antwort zulässt, denn die Frage kann in der Weite der Unendlichkeit der Sinnentwicklung aller Dinge und Erscheinungen nicht schlüssig beantwortet werden. Wir müssen also fragen: „Welchen Sinn hat der Stein jetzt für mich?“ Oder: „Welchen Sinn hat der Stein jetzt für dich?“

Die Sinnsuche hängt immer mit unseren Sinneswahrnehmungen zusammen. Wir finden Sinn in dem was schmeckt, was gut riecht, was sich angenehm anfühlt, was wir betrachten und lesen können, was unser Ohr erfreut und was uns dient, damit wir uns sicher und geborgen fühlen. Sinnsuche hängt also mit den fünf Sinnen zusammen, sehen, hören, tasten, riechen und schmecken und mit dem sechsten Sinn der intuitiven Wahrnehmung dessen, was uns gut tut, nützlich ist, uns dient, erfreut und uns inspiriert.

Wir entdecken, dass die Frage nach dem Sinn auch immer die Frage nach einer Beziehung ist, die wir herstellen. Aus der Art der Beziehung, die du oder ich zu dem Stein jetzt haben, leitet sich auch der Sinn ab.

Wenn ich barfuss durchs Gras laufe und mir den kleinen Zeh an einem spitzen Stein blutig schlage, dann wird der blöde Stein für mich einen anderen Sinn haben, als er zwei Tage zuvor für dich hatte, als dein Geliebter just neben diesem Stein ein kleines Maiglöckchen für dich pflückte, um es dir als Frühlingsliebesgabe mit seinem betörenden Duft unter die Nase zu halten. Und heute wolltest du mir eben diese Stelle zeigen und ich schlage mir an dem spitzen Stein den kleinen Zeh blutig. Der Stein hat für dich einen ganz anderen Sinn als für mich, denn deine Beziehung zu dem Stein ist durch eine schöne Erinnerung geprägt, jedoch meine Beziehung zu dem gleichen Stein durch eine schmerzliche. Wir wandern beide weiter, der Stein bleibt liegen, mit uns unbekanntem weiterem Sinn, den er in neuen Begegnungen vielleicht gewinnen wird.

Wenn wir mit den Dingen des Lebens in Berührung kommen, dann erwacht in uns die Neugierde und die Suche nach dem Sinn beginnt. Warum ist die Erde blau, vom Weltall aus betrachtet, warum der Wald grün und das Meer so tief, warum haben wir Augen und worin liegt der Sinn unseres Lebens überhaupt?

Die Suche nach dem Sinn lässt uns die Welt entdecken und erforschen. Die Suche nach dem Sinn bewegt uns weiter in unserer Entwicklung, denn die Suche nach dem Sinn der Dinge lenkt unseren Blick in die Tiefe und bringt uns in Berührung mit dem, was uns umgibt. Suchen wir unseren eigenen Lebenssinn, so kommen wir in tiefere, engere und spürbarere Berührung mit uns selbst und letztendlich mit jener Quelle des Lebens, aus der alle Dinge, alles Leben und alle Erscheinungen hervorgehen: Gott.

Viele Lehren, Religionen und Philosophien beschäftigen sich mit Sinndefinitionen, mit Sinnumrahmungen, mit unterschiedlichen Sinneseingrenzungen und Sinnesabgrenzungen. Sie regulieren dadurch, wie weit, wie tief, wie eng wir in Beziehung treten dürfen zu den Dingen des Seins.

Durch die Reiki-Energie verschwinden diese Begrenzungen langsam wieder. Wir betreten das weite Feld vollkommener Freiheit und uns ist erlaubt, selbst auf unsere ganz persönliche Entdeckungsreise und Sinnsuche zu gehen. Die Erfahrungen, die wir dabei machen, sind sehr kostbar, einzigartig und wohl auch unübertragbar. Wenn wir durch direkte Berührung mit unseren Händen den Sinn der Dinge ergründen, dann spüren wir mehr als wir wissen können, sehen wir mehr, als eine Photographie zeigen kann und hören mehr, als Worte ausdrücken könnten – der für uns subjektiv sich zeigende Sinn erwacht in seiner Wechselwirkung. Die Dinge zeigen uns ihr Wesen und wir geben ihnen daher einen Sinn in dem wir sagen:

- das ist schön
- das ist nützlich
- das ist wertvoll

Richtiger Weise müssten wir aber sagen:

- das ist schön für mich
- das ist nützlich für mich
- das ist wertvoll für mich

Denn der Sinn, den wir Dingen, Menschen, Umständen zumessen, ist eine sehr auf uns selbst bezogene Angelegenheit. Natürlich kommt es vor, dass bei der Suche nach dem Sinn auch übertrieben wird und viel zu viel in kleine Dinge des Alltags hineininterpretiert und auch hineinorakelt wird. Du solltest dir daher deines aktiven Parts bei der Sinnbestimmung und Sinngebung bewusst sein. Es ist gut den verborgenen und dahinterliegenden Sinn der Dinge zu suchen, denn diese Betrachtung führt uns in die Tiefe und offenbart uns das kosmische Gesetz. Sie zeigt uns, wie alles mit allem verbunden ist. Doch es ist weniger gut deiner Familie und deinen Arbeitskollegen mit deiner Sinnbetrachtung auf die Nerven zu gehen, vor allem wenn du dem Sinn auch noch ein dahinterliegendes Orakel zuordnest. Den Sinn, den die Dinge für dich haben, den haben sie nicht notwendiger Weise auch für andere Menschen.

Durch die Beziehung, die wir zu allen Dingen, Menschen

und Umständen des Lebens sozusagen neu, bewusst und mit großer Achtsamkeit aufbauen, entdecken wir das ganze Leben neu. Es geschieht, da wir in eine andere, bewusstere Beziehung zu den Dingen, Menschen und Umständen des Lebens treten.

Die Sinnfrage ist immer eine Frage der Beziehung. Und letztlich sind wir selbst es, die den Dingen des Lebens den ganz persönlichen Sinn geben. Du hast jetzt die Chance, deinem Leben einen völlig neuen Sinn zu geben. Du hast die Chance neue und geheilte (heilige) Beziehungen rund um dich aufzubauen: Zu deiner Familie, zu deinen Freunden, zu deiner Arbeit, zur Nahrung, zur Natur, zur Freizeit usw. Ergründe, wer und was welchen Sinn für dich haben. Sinnlos wird dann all das, was aus dem Bereich deiner Beziehungen entweicht. Nur das, wozu du keine Beziehung mehr pflegst, ist sinnlos – es ist lose und steht in keiner Verbindung zu dir. Es ist daher in Wirklichkeit gar nicht möglich, sich über sinnlose Dinge zu ärgern, denn wir ärgern uns nur über Menschen und Dinge mit denen wir verbunden sind.

Ich habe am Reiki-Weg gelernt gut auszumisten. Im Haus wie im ganzen Leben. Dinge, denen wir keinen guten Sinn mehr geben können, sollten tatsächlich aus unseren Schubladen und Schränken verschwinden. Es sind alte Energien, die uns an diese sinnlos gewordenen Dinge binden – lösen wir tatsächlich die Bindung, dann wird Platz für neue und frische Energie. Menschen, die nicht zu unserer Familie, oder zum engsten Freundeskreis gehören, mit denen wir keine gute sinnvolle Unterhaltung führen können, die dürfen wir getrost, liebevoll und in Dankbarkeit loslassen, so wird Platz für neue Freunde. Weltanschauungen, die keinen positiven und aufbauenden Sinn mehr in unser Leben tragen, dürfen wir einfach verabschieden und uns auf die Suche machen nach dem Sinn des Lebens, der jetzt unser Herz mit Sehnsucht bewegt.

Triff täglich deine individuelle, sinnvolle Wahl für dich neu! Was willst du gerade Heute Sinnvolles tun?

Gerade Heute
will ich in mich gehen,
die Kraft in der Stille suchen
und mit einem sanften Klang
in die Welt tragen.

Schöpferkraft entwickeln

Wir leben in einer Welt des Kaufens und Verkaufens. Ware und Besitz werden mit aller Macht in unser Blickfeld geschoben. Aber jede Art von Besitz ist sterblich und vergänglich. Die Gier nach „Haben-Wollen“ ist eine große Verführung im Leben. Aber das „Haben“ macht selten wirklich glücklich.

Aus meinem Leben weiß ich, dass ich am Abend dann glücklich bin, wenn ich etwas Sinnvolles an diesem Tag getan und erlebt habe. Die Arbeit, die ich tun darf, die tue ich gerne. Wir beziehen aus den sinnvollen Beschäftigungen eine Energie des Wertes, sehr subjektiv und individuell. Diese Energie des Wertes nährt unsere Schöpferkraft und Kreativität. Es ist zunächst nicht so wichtig, was du tust, versuche das, was gerade deine Beschäftigung ist - Schuhe putzen, Auto fahren, Briefe schreiben, Telefonate erledigen, Handwerksarbeit, Maschinen bedienen, mit Mitarbeitern sprechen, usw. mit liebevoller Bewussthcit zu tun, ganz im Hier und Jetzt. Durch die Konzentration, die kleinen Dinge des Lebens bewusst zu tun, erwacht auch die Liebe zu den Dingen. Wenn wir etwas gut tun, dann geben wir gleichermaßen der Sache, wie auch uns selbst, einen hohen Wert. Wenn wir etwas schlampig oder missmutig tun, dann geben wir der Sache und auch uns selbst einen geringen Wert. Menschen, die halbherzig und griesgrämig ihrer täglichen Beschäftigung nachgehen, sind am Abend unzufrieden. Menschen, die mit Achtsamkeit und Sorgfalt ihrer Beschäftigung nachgehen, ernten Zufriedenheit, als Wert ihrer Hingabe. Arbeit unterscheidet sich von echter Schöpferkraft eben in jenem Wert, den wir ihr beimessen. Arbeit kann sehr wohl mit Schöpferkraft erledigt werden, aber sie kann auch nur lästige Pflichterfüllung sein. Du selbst bestimmst die Energie und Qualität, die du in deine tägliche Beschäftigung einbringst.

Durch die Hinwendung und das konzentrierte Tun entsteht zu dem, was du tust, eine engere Beziehung. Kommt zur engen Beziehung noch die liebevolle Energie dazu, dann erwacht in uns die Begeisterung und somit der Geist und der Sinn, mit dem wir unsere Arbeit tun und der unsere Arbeit dann zu tragen beginnt: Inspiration führt zu Kreativität.

Manche Menschen glauben Schöpferkraft wäre nur eine Sache des Denkens. Natürlich sind unsere Gedanken die tragende Basis und ein wichtiger Motor. Wir brauchen eine Vorstellung, eine Vision, ein gedankliches Gerüst, aufgefüllt mit Sehnsucht, angetrieben mit dem Willen zur Verwirklichung. Aber wahre Schöpferkraft kommt nicht aus der Planung allein, sie braucht als Nährstoff die Berührung. Reiki lehrt uns die Dinge tatsächlich in die Hand zu nehmen. Wenn du dir als Künstler/in vielleicht auch eine Skizze zu einer Skulptur gemacht hast, so wird doch die tatsächliche Berührung mit dem Werkstoff, dem Lehm beispielsweise, erst jene Inspiration erwecken, die du brauchst, um der Form lebendige Ausdruckskraft zu verleihen. Schöpferkraft zu entwickeln bedarf eines ganzheitlichen Prozesses, alle Sinne wollen mitspielen und eingesetzt werden: sehen, hören, riechen, fühlen, schmecken, tasten und auch der sechste Sinn, das Erfassen des verborgenen Sinnes und die tiefere bewusste Erkenntnis formen das schöpferische Werk, das du gestaltest. Durch die Berührung und durch die Beziehung, die wir aufbauen, lernen wir unsere Visionen in lebendigen Schöpfungen zu verwirklichen. Auch die gedankliche Vision braucht die Berührung, das sich Hineinfühlen in die Essenz dessen, was wir verwirklichen wollen. Du musst deine Vision sehen können, hören können, fühlen können, schmecken können..., ganz so als sei sie bereits lebendig. Gelingt uns das Hineinfühlen gut, so wird aus einer Vision die Kraft der Imagination, die durch den Magnetismus, den sie ausstrahlt, den Verwirklichungsprozess lenkt und beschleunigt. Es ist dann, als fügte sich alles von selbst zum Ganzen. Zur rechten Zeit begegnest du genau den Menschen, dem Werkstoff und findest alles Notwendige für dein Werk. Wie ein Puzzle fügen sich die Elektronen deiner Vision zum Ganzen und werden real und sichtbar.

Reiki hilft uns bei dem Prozess unsere Schöpferkraft zu entfalten. Vor allem die Anwendungen des zweiten Grades und die Arbeit mit den Symbolen bringen sehr viel Energie in diese Entwicklung. Durch die Anwendung der Symbole stellen wir eine vertiefte Beziehung her zwischen uns und allen Teilen, die zu unserem Werk gehören. Je stärker die Beziehung wird zu dem was wir gerade tun, umso größer wird unsere Schöpferkraft. Jede Arbeit mit Liebe und Achtsamkeit zu verrichten ist ein großes Geheimnis für Erfolg, Zufriedenheit und Erfüllung.

Sowohl als auch
ist ebenso wahr,
wie entweder oder.
Mit dem einzigen Unterschied:
entweder oder - trennt
sowohl als auch - verbindet.

Die Wahrheit

Die absolute Wahrheit liegt in Gott. Als Mensch sind wir ein Teilaspekt Gottes und können gemäß unserer Wahrnehmung nur Teilaspekte der ganzen Wahrheit erkennen. Das Erkennen der Wahrheit ist nämlich an unsere persönliche Wahrnehmung gekoppelt, eine Wahrnehmung, die an die Fähigkeit unserer Sinnesempfindungen gebunden ist, wie auch an unsere Fähigkeit zur Erkenntnis und Selbsterkenntnis. Der größte Irrtum vieler Menschen liegt darin, die eigene Wahrnehmung als höchste Wahrheit anzusehen und als alleinige Wahrheit zu verkünden. Natürlich ist die eigene Wahrnehmung zu jeder Zeit die höchste Wahrheit, die eben dieser Mensch erlangt hat bis hierher, aber eben nicht die absolute Wahrheit, die für alle Menschen zu jeder Zeit Gültigkeit hat. Würden wir dies verstehen, gäbe es keine Sekten, keine Glaubenskriege, keine Verschwörungen und natürlich auch keinen elitären Wissens- und Machtanspruch der akademischen Wissenschaften. Totalitär geführte Staaten geben ein Beispiel, was passiert, wenn eine Elite ihre Wahrheit mit Gewalt dem Rest der Bevölkerung aufzwingt – das Volk wird krank. Armut und Elend sind die Folge.

Da Wahrheit an unsere Wahrnehmung und Erkenntnisfähigkeit gebunden ist und wir uns beständig weiter entwickeln, entwickelt und verändert sich auch unsere Wahrheit. In einer gesunden Gesellschaft braucht es einen breiten Bewegungsspielraum für die individuelle Weltsicht und Wahrheit des einzelnen Menschen. Das garantiert Freiheit, Kreativität und Schöpfungskraft. Es erfordert Respekt und Toleranz vor jedem einzelnen Menschen.

Unsere Wahrnehmung hängt immer mit unserem Standpunkt zusammen, also hängt die Wahrheit auch von dem Ort ab, auf dem wir uns gerade befinden und sie steht in einem ambivalenten Verhältnis zur Bewegung. Ein Berg sieht von der einen Seite des Tales vielleicht rund und bewaldet aus, von der anderen Seite aber mag er schroff und steil aussehen. Erst wenn wir uns von unserem ersten Standpunkt und der Wahrnehmung der ersten Wahrheit (der Berg ist rund und bewaldet), die sie uns vermittelt hat, fortbewegen, gelangen wir zur zweiten Wahrheit (steil und schroff). Erst dann erkennen wir auch, wenn wir uns von der ersten Einsicht in uns zur zweiten Einsicht in uns hinbewegen, dass es eben zwei Wahrheiten gibt: Der Berg ist sowohl rund und bewaldert als auch steil und schroff!

Vielen Menschen fällt es schwer eine einmal erlangte Einsicht und Erkenntnis aufzugeben. Viele Menschen sind zu träge, um ihre äußeren und auch inneren Standpunkte zu verlassen, sich also äußerlich und innerlich fortzubewegen und weiterzuentwickeln, um neue Sichtweisen, Erkenntnisse und Wahrheiten dazuzugewinnen. Heil werden bedeutet ganz sein. Verkrallen und verbeißen wir uns in nur einen Standpunkt und nur eine einzige Wahrheit, so können wir nie heil und ganz werden. Denn immer wird uns die erweiterte und komplexe Sicht der Wirklichkeit fehlen.

Eine zu starke Verhaftung an die Tradition der Lehren, auch der Reiki-Lehre mit dem Hang Lehrer, Meister oder Gurus zu idolisieren, entfernt uns mehr von der Wahrheit als uns dies zur Wahrheit hinführt. Zudem hat jeder Mensch seine eigene ideale Berufung und in einem Nacheiferungsprozess im Schatten des Idols oder Gurus können wir niemals unserer eigenen idealen Berufung gerecht werden. Der Erfolg, den das Idol (beispielsweise Usui Sensei) zu seiner Zeit mit der von ihm erkannten Wahrheit und den von ihm vertretenen Ideen hatte, wird nicht notwendigerweise der heutigen Wahrheit und dem höchsten Ideal unserer Zeit gerecht werden. Ein blindes Nacheifern der Techniken, der Ideen und Ziele des sehr geschätzten Usui Sensei, der uns als Reiki-Meister vorangegangen ist, wird uns nicht automatisch zum eigenen Ziel und zur eigenen Berufung führen. Wohl aber kann uns die Lehre von Usui Sensei das höchste Ideal näher bringen. Dazu ist es aber nötig, den Reiki-Weg der eigenen Wahrnehmung, der eigenen Wahrheitsfindung und Erkenntnis zu gehen. Wir sollten dem höchsten Ideal von Reiki folgen, nicht die „Idole“ (Meister) mit den „Idealen“ von Reiki verwechseln.

Nur indem wir uns selbst auf Reiki wirklich einlassen, können wir Heilung und Erkenntnis erlangen und die für uns selbst jetzt höchstmögliche Wahrheit finden.

Die Wahrheit hat viele Gesichter und viele Aspekte, denn unsere Wirklichkeit ist komplex und subtil aufgebaut. Viele Menschen verneinen unterschiedliche Aspekte ein und derselben Wahrheit und klammern sich nur an wenige Bruchstücke, die ihnen sicher erscheinen, aus welchen Gründen auch immer. Doch wenn wir zu viele Aspekte der ganzen großen Wahrheit aus unserer Erkenntnis ausklammern, dann treiben wir, nur an ein Stück Treibholz geklammert, ängstlich im tosenden Strom des Lebens. Die Angst, dieses eine Stück Sicherheit zu verlieren, fesselt uns an eine Krücke und macht uns zu verbissenen, fatalistischen Kämpfern, anstatt zu wahrhaft Gläubigen. Das Geheimnis ist, dass alles, was existiert, ein Teilaspekt der ganzen Wahrheit ist, denn alles, was existiert, ist beheimatet in der Allgegenwart Gottes.

Sobald wir das erkennen, wird die Angst von uns weichen und wir können einen Aspekt und einen Teil unserer Wahrheit getrost loslassen, frei treibend im Strom des Lebens begegnen uns viele Aspekte der Wahrheit, die uns wieder und wieder als Floß, als Boot und als Ruder hin zu unserem Ziel der Erleuchtung hinbringen. Sobald wir den Mut haben verschiedene Aspekte der Wahrheit zu erproben, erweitert sich unsere Sicht und unser Horizont dehnt sich aus. Wir nennen dies Bewusstseinserweiterung. Diese Bewusstseinserweiterung ist notwendig, damit die Teilaspekte der Wahrheit zusammenwachsen können zu einem großen Ganzen, das uns in die Erkenntnis der Einheit führt. Bewusstseinserweiterung wird durch eine Verfeinerung unserer sinnlichen Wahrnehmung ermöglicht. Diese Verfeinerung im Hören, im Fühlen (Tasten), im Schmecken, im Riechen und im

Sehen führt allmählich zu einer weiteren Entwicklung und Ausbildung des Sechsten Sinnes. Dieser Sechste Sinn wird uns über das sechste Chakra, das dritte Auge mit der Gabe des Hellsehens, Hellfühlens, der Intuition und der höheren Erkenntnis der Wahrheit (Wahrsagung) ermöglicht. Damit das dritte Auge sich öffnen kann, ist aber zuvor eine stabile Schwingung in allen Chakras notwendig. Die Reiki-Energie hilft uns diese Stabilität zu erlangen, indem Reiki uns unterstützt, die Grenzen unserer Wahrnehmung sanft zu erweitern, damit wir die vielen Teilaspekte der Wahrheit in ihrer Einheit allmählich besser zu erkennen lernen. Dies ist der Weg des tiefen Verständnisses des Wunders Leben, das mit der Bereitschaft zur Selbsterkenntnis beginnt!

Der Leib ist die Form der Wahrheit und ist durchdrungen von der Fähigkeit der Selbsterkenntnis. Selbsterkenntnis wird zum prachtvollen Kleid deiner Seele. Reiki hilft dir, dieses Kleid deiner Seele in aller Schönheit zu vervollständigen.

Selbsterkenntnis
ist das Wunder, das dir hilft,
dein Leben in die Hand zu nehmen
und nach deinen Idealen zu gestalten.

Selbsterkenntnis

Vor vielen Jahren hat mir eine sehr liebe alte Dame und Astrologin geschrieben: *„...Selbsterkenntnis ist das Wunder, das dir hilft, dein Leben in den Griff zu bekommen!“*

Ich glaube, dass diese Aussage nicht nur auf mich zutrifft, sondern für alle Menschen eine überaus große Bedeutung hat, zumal, wenn wir bedenken, dass *in den Griff bekommen*, ja nichts anderes als *begreifen* bedeutet. Begreifen beginnt mit der Wahrnehmung, die wir über unsere Hände, durch den Tastsinn machen. Das Ertastete wird von einem kleinen Kind als Begriff im Gehirn abgespeichert und dieser Begriff ist ein Baustein, der für Erkenntnis notwendig ist. Ertasten wir die Wirklichkeit mittels der feinen, aus unseren Händen strömenden Reiki-Energie, so erlangen wir höhere Begrifflichkeit und Erkenntnis; wir begreifen unsere Wirklichkeit allumfassender. Jedoch Ausgangspunkt jeder Art von Erkenntnis ist die Fähigkeit zur Selbsterkenntnis. Diese Fähigkeit der Selbsterkenntnis erlangt der Mensch im Ich-Bewusstsein. Im Ich-Bewusstsein erleben wir uns als getrennt voneinander und von unserer Mitwelt, die wir als Umwelt erfahren. Die erste Erfahrung des Ich führt zum allbekannten Lieblingssatz kleiner Kinder: „Ich will ... haben!“

Ich will haben ist notwendig für das Kind, denn es will begreifen, es will fühlen, wie die Welt da herum sich anfühlt, wie es schmeckt, wie es riecht, wie es aussieht. Dabei ist das in Besitz nehmen der Dinge für kleine Kinder nur von kurzer Dauer, denn sobald sie das Spielzeug ertastet, geschmeckt, gerochen, gesehen und ausprobiert haben, ist es ja schon uninteressant und sie wollen in ihrer natürlichen Neugierde das nächste haben. Spirituell gesehen sind wir Kinder, solange wir alles *haben* wollen. Durch Reiki treten wir ein in eine neue Erfahrung: Nicht das *Habenwollen* steht im Vordergrund, sondern das *Sein*.

Jetzt geht es nicht mehr darum „Liebe haben zu wollen“, sondern „Liebe zu sein!“

Wir lernen:

- Statt Friede haben wollen – Friede (friedlich) sein
- Statt Gesundheit haben wollen – gesund sein
- Statt Erfolg haben wollen – erfolgreich sein
- Statt Zeit haben wollen – sich Zeit nehmen
- Statt Glück haben wollen – glücklich sein
- Statt Erkenntnis haben wollen – selbst erkennen

Menschenkinder, die haben wollen, definieren sich auch durch das, was sie haben: Geld, Haus, Auto, Prestige usw.

Menschen, die im ICH-BIN Bewusstsein des Seins leben, brauchen sich nicht zu definieren, sie sind und sie schwingen authentisch in ihrer Integrität.

Das ICH-BIN Bewusstsein können wir nur durch Selbsterkenntnis erlangen. Wir müssen uns also mit den Begriffen Selbst und Erkenntnis beschäftigen.

Die Ergründung des Selbst beginnt mit der Frage: „Wer bin ich?“ Diese Frage führt viele Menschen zunächst wieder über die Hürde der Selbstdefinition und Selbstdarstellung. Sie sagen dann beispielsweise:

- Ich bin Lehrer
- Ich bin Direktor
- Ich bin Reiki-Meister
- Ich bin Traditionalist
- Ich bin Realist
- Ich bin Demokrat

Tun wir dies, so müssen wir überprüfen, ob unsere Darstellung dessen, was wir vorgeben zu sein, tatsächlich mit dem übereinstimmt, was wir wirklich leben und sind und wir müssen bedenken, dass wir nur für eine bestimmte Zeit gültige Teilaspekte unseres Seins für diese sich wandelnde Selbstdarstellung gewählt haben. In Wahrheit sind wir viel mehr, als wir je darstellen könnten. Es wird auch in der ernsthaften Suche nach Selbsterkenntnis sehr schnell viel tiefer gehen und weit über das hinaus, was wir in unserer Mitwelt und Umwelt darzustellen beabsichtigen. Unser Beruf, unsere Berufung, das ist die eine Sache, das ist das derzeitige Ideal und Bild, das wir selbst und andere von uns haben. Unser Sein, das ewige Leben, das ist die andere Sache, die weit über jeden Beruf und jede Berufung hinausgeht. Dringen wir so weit vor, dann berühren wir das innerste Mysterium unseres Lebens und somit unseren Lebensursprung, Gott. Gott das ewige allgegenwärtige Selbst. Sobald wir die Allgegenwart Gottes erkennen, erkennen wir, dass wir mit unserem persönlichen Selbst ein Teil dieses großen Ganzen göttlichen Selbstes sind. Der nächste Schritt ist die Erkenntnis, dass im eigenen Selbst das göttliche Selbst wohnt, wie es in allen Mitmenschen und überhaupt in allem wohnt, was uns begegnet. Sobald wir diesen Erkenntnisschritt erlangt haben, werden wir den Wunsch verspüren, das göttliche Selbst in uns zur vollen Schönheit zu verwirklichen und wir bejahen bewusst den Prozess der Selbstverwirklichung.

ICH-BIN Bewusstsein führt uns in unseren allerheiligsten, inneren Herzenstempel des Lichtes, des Friedens und der Stille. ICH-BIN Bewusstsein bringt uns in Berührung mit der dreifaltigen Flamme des ewigen Lebens in uns, die wir als göttlichen Funken, als Christuslicht und als Buddhabewusstsein in uns tragen, weit jenseits jeder Selbstdarstellung und Selbstdarstellungsmöglichkeit. Es führt uns hin zum höchsten Punkt der Selbsterkenntnis und Selbstverwirklichung: GOTT, ICH BIN.

Manche Esoteriker, aber auch viele Religionsväter und Kirchenfürsten, stellen die Person – das ICH vor Gott. Sie sagen damit, „Ich bin Gott!“ Oder sie sagen, „Jener ist Gott“, und damit setzen sie einen Teilaspekt des Ganzen vor Gott. Doch Gott –

wie immer wir ihn/sie/es nennen - Gott ist das Ganze und ist das Gleiche, das Allgegenwärtige und ist die Anwesenheit der höchsten Quelle in allem was ist. Christus ist in allen Menschen, wie auch Allah und Buddha in allen Menschen ist, wie auch der Heilige Geist und die Große Göttin ein Aspekt in allen Menschen ist. Wir bezeichnen immer nur Teilaspekte der unermesslichen Quelle mit einem Namen. Sobald wir einen Namen (Jesus, Buddha, Allah, Krishna, Maria, Kwan Yin etc.) nennen, ist es ein Teilaspekt. Aus dieser Erkenntnis heraus haben alte Kulturen es verboten, sich ein Bildnis Gottes zu machen, oder Gott mit einem Namen zu benennen. Symbole (JHWH - das jüdische Jawe, für Gott, von dem man sich kein Bildnis machen soll) wurden eingesetzt, um eine Brücke zu schlagen zwischen dem Unbenennbaren Ganzen und der Notwendigkeit unsere Sicht dahin zu lenken. Auch am Reiki-Weg verbot es die Tradition die Symbole zu zeigen, deren Namen, Mantras öffentlich zu nennen.

Sobald wir einander verbieten einen Namen oder ein Mantra zu nennen, uns ein Bildnis zu machen, oder ein Symbol zu zeichnen und zu zeigen, trennen wir wieder nur von der Alleinheit ab, was an sich untrennbar zueinander gehört. Sind wir nicht alle göttlich genug in unserem innersten Herzen, um unsere individuelle Wahrnehmung und Selbsterkenntnis des Göttlichen liebevoll einander mitteilen zu können? In dieser Form des Miteinander-Teilens zeigt sich das Brot, das wir brechen, im Namen des einen, der/die/das ALLES ist. Im ALLES liegt das ganze All geborgen. Dieses Brot ist auch das himmlische Mana, ein

Symbol der universellen Ursubstanz, Energie und Nahrung, die das All uns gibt. Rei-Ki, die universelle Energie ist ein geistiger Aspekt des Brotes, der Ursubstanz des Universums, das uns nährt. Was könnten wir Liebevolleres miteinander tun, als miteinander über das universelle Ideal zu kommunizieren und somit den Leib der Kommunion, das Licht, die heilende Kraft und den universellen Segen, über Herz, Mund und Hände weiterzureichen? Gerade wenn wir uns in unserem Gottesbild und Symbol abschließen, es als alleinig gültig verteidigen, erschaffen wir doch einen Götzen, der seine Lebendigkeit verliert. Das Göttliche erleben wir in seiner Schönheit und Vielheit, indem wir als lebendige Menschen und Lebewesen einander liebevoll nähren im gemeinsamen Gebet und in der gemeinsamen Hingabe und Liebe zu allem was lebt. Gemeinsam und doch jeder individuell auf seine eigene Art und Weise, dahin führt uns Reiki! Reiki bringt die individuelle Vielfalt in die Einheit. Reiki ist die absolute Wahrheit Gottes in reinster Essenz, sobald Reiki in reinster Absicht der Liebe und Hingabe an das allerhöchste Licht aus unserem Herzen und aus unseren Händen strömt. In Wirklichkeit sollte es gleich-gültig sein, ob sich jemand durch seiner individuelle Wahrnehmung jetzt ein Bild machen will, ob jemand seine Wahrheit, seine Erkenntnis, oder die Reiki-Symbole, in bedingungsloser Liebe mit seinen Schwestern und Brüdern teilen will, oder nicht. Gleiche Gültigkeit bedeutet Freiheit!

In der Reiki-Praxis bedeutet das, immer bei uns selbst zu beginnen! Du sollst dir bewusst machen, dass du selbst es bist, der/die da denkt, fühlt, sieht, erkennt, glaubt, weiß, oder auch nicht weiß und irrt. Das bedeutet im Bewusstsein zu leben: Ich bin es, die sagt, tut, denkt, handelt, erkennt.

Beachte daher wer was sagt! Frage dich: „Wer ist es, der dies denkt?" Reiki lehrt dich, das, was andere sagen, respektvoll bei den anderen zu belassen. Reiki lehrt dich, Gedanken anderer nicht automatisch zu deinen eigenen Gedanken zu machen. Reiki lehrt dich, unbeeinflusst aus eigener Erkenntnis deine Wahrheit zu finden und dies ist das Wunder der Selbsterkenntnis. Hast du deine eigene Wahrheit gefunden, dann hast du auch die Möglichkeit entdeckt, diese, deine Wahrheit tatsächlich zu leben. So vollzieht sich in der Reiki-Heilung Schritt für Schritt die Wandlung vom projizierenden, geplagten, beurteilenden Menschen, zu einem selbstbewussten Menschen mit befreiter Erkenntnis. Wir erkennen immer klarer, dass wir selbst unsere Wirklichkeit kreieren, indem jeder Gedanke, der von uns ausgeht, sich irgendwann manifestiert. Nach und nach werden wir durch Selbsterkenntnis begreifen, dass Glück und Leid in unseren eigenen Händen und in unserem eigenen Denken liegen.

Die meisten Menschen konzentrieren sich aber nicht auf das, was sie selbst sind, denken, sagen und tun, sondern sie betrachten die Welt aus dem Blickwinkel der Projektion und beobachten, was andere sind, was andere sagen und tun. Sie benutzen dann die Erkenntnis aus dieser Projektion für ihre eigenen Schlussfolgerungen und glauben so entscheiden zu können und zu müssen, was richtig und was falsch ist. Dieses Vorgehen führt zu unrichtigen Schlussfolgerungen und es führt zu Vorurteilen, denn wahre Erkenntnis ist niemals mit dem Auge des anderen erreichbar, sondern nur mit dem eigenen Auge! Dies ist natürlich sinnbildlich gesprochen, denn auch ein Blinder kann selbst sehen! Das dritte Auge, die innere Sicht ist auch ohne Augenlicht möglich. Niemand ist angewiesen auf die Sicht des anderen, wenn auch das Vorangehen wahrlich hellsehender, erleuchteter und erleuchtender Propheten und Prophetinnen eine große Hilfe für die Menschheit ist. Dennoch dürfen wir nicht blind folgen, sondern müssen lernen, selbst das höchste Ideal zu sehen, zu leben und zu sein, genau wie der Prophet oder die Prophetin uns ja im Vorangehen nichts anderes zeigen kann, als die Verwirklichung des höchsten Ideals der eigenen Wahrheit in Gott. Wir sollten darauf achten, dass wir niemals das Idol, die Person mit dem höchsten Ideal verwechseln. Das Idol ist nur der Träger des Ideals. Doch wir selbst müssen zum Ideal werden, um zu sein, wozu Gott uns berufen hat. Hüte dich daher davor, dich als Idol bejubeln und verherrlichen zu lassen!

Selbstbewusstsein erlangen bedeutet den Pfad der Meisterschaft und Selbstverwirklichung zu betreten. Meister und Meisterin sein kann jeder nur für sich. Es kann dich niemand zum Meister machen, es kann mich niemand zur Meisterin küren. Meisterschaft ist weder ein Besitz noch ein Privileg. Meisterschaft ist eine Verfeinerung und Vervollkommnung unserer gottgegebenen Fähigkeiten, die in uns schlummern und darauf warten von uns bewusst gelebt zu werden, zum höchsten Wohle von uns selbst, zum höchsten Wohle eines jeden anderen und des Großen Ganzen. Als wahrer Meister und als wahre Meisterin wirst du ganz automatisch zu einem Propheten, zu einer Prophetin des Lichtes, indem du dieses Licht bist, leuchtest du in allem was du sagst und nicht sagst, denkst und nicht denkst, tust und eben nicht tust. Du kannst für andere das Ideal nur dadurch tragen, indem du selbst zum Ideal geworden bist.

Das Ideal ist der Ätherleib, das ätherische Gefäß der geistigen Essenz der universellen Wahrheit in uns. Das Ideal ist der höchste Punkt in unserer derzeitigen Vorstellung und Erkenntnis. Somit wächst auch das Ideal und es wandelt sich mit zunehmender Reife und Spiritualität. Die Reiki-Symbole helfen uns dies höchste Ideal in uns zu begreifen und irdisch zu manifestieren. Somit ist Selbsterkenntnis, die Erkenntnis des höchstmöglichen Ideals in uns. Es ist dies die Erkenntnis unseres Höheren Selbstes, des göttlichen Aspektes, der wir sind. Folgen wir dem leuchtenden Stern dieses höchsten Ideals und Lichtes, dann hebt uns diese Kraft empor und trägt uns durch Krisenzeiten und Schatten, durch Zweifel und durch Leid.

Nur in der Verwirklichung des höchsten Ideals können wir die Vollkommenheit erlangen, die zu erreichen uns von Uranbeginn bestimmt ist.

Auf vollkommene Art und Weise
gehe ich meinen Weg,
in und für Liebe,
Friede und Harmonie,
von Tag zu Tag,
besser und besser.

Das vollkommene Gesetz

Die Allmacht Gottes liegt in dem vollkommenen kosmischen Gesetz, das Gott selbst ist. Reiki verbindet uns mit diesem Gesetz. Reiki trägt die Intelligenz dieses Gesetzes in sich. Frau Takata sagte *Reiki ist absolut*! Das bedeutet, Reiki ist vollkommen. Nach kosmischem Gesetz funktioniert alles hier auf Erden und auch überall im Universum. Völlig ungefragt sind wir alle diesem Gesetz unterworfen. Dieses Gesetz braucht unsere Anerkennung nicht, es funktioniert völlig ungeachtet dessen, ob wir es kennen (anerkennen) oder nicht. Würde ich hier definieren, was ich unter diesem Gesetz verstehe, wie es funktioniert und all das worüber sich die Kirchenvertreter Jahrtausende lang gezankt haben, ich wäre augenblicklich ebenso wie diese nur in die Betrachtung des Gesetzes verwickelt. Die einzige Möglichkeit die wir haben, dieses vollkommene Gesetz Gottes zu erkennen, besteht darin, unser Leben anzunehmen und in allen Dingen selbst die Erfahrung zu machen. Dies bedingt natürlich auch, allen anderen Menschen die Freiheit zur persönlichen Erfahrung zuzugestehen. Nur in der eigenen Erfahrung, in der eigenen Verantwortung und Lebensverwirklichung können wir dieses Gesetz in seiner Vollkommenheit erfahren. Dieser Weg bedeutet Demut gegenüber allem was uns je begegnet, denn alles, was uns begegnet oder widerfährt, kommt aus dem göttlichen Gesetz auf uns zu; das Gute wie das, was wir als schlecht empfinden. Alles lehrt uns, das Gute wie das Schlechte. Alles trägt zu unserer Entwicklung und Reifung bei. Es ist als Gesetz allumfassend und neutral und es ist nicht personifiziert. Jedoch das erste lebende Wesen, das in der Lage war, Gottes vollkommenes Gesetz vollkommen auszuschöpfen, wurde zum ersten personifizierten Schöpfer, wurde zur ersten personifizierten Schöpferin. Diese Wesenheiten wurden und werden von den Menschen als Herrgott und Gott-Vater und als Große Göttin und Gott-Mutter verehrt und tausend Namen wurden ihnen gegeben, da die Menschen sie in den verschiedensten Aspekten ihres Seins wahrnahmen. Doch hinter allem steht ein und dasselbe vollkommene Gesetz und alles unterliegt diesem Gesetz. Allgegenwart bedeutet vollkommene Erfüllung des Gesetzes. Allwissenheit und Allweisheit bedeuten vollkommene Erfüllung dieses Gesetzes und bedeuten LIEBE. Reiki bedeutet vollkommene Erfüllung dieses Gesetzes.

Dieses Gesetz kommt aus der Einheit, es geht in die Vielheit und Vielfalt, führt aber wieder in die Einheit. Dieses Gesetz ist einfach. Das Gesetz fördert alles, was Leben und Liebe fördert und dieses Gesetz vermindert alles, was Leben und Liebe zerstört. In diesem Gesetz bekommt jedes Wesen, jedes Molekül und jedes Atom eine individuelle Chance frei zu wählen, was es offenbaren will, mit der einzigen Auflage, dass alles, was es offenbart, letztendlich zu ihm selbst zurückkommt. Das heißt, alles, was von uns ausgesandt wurde, muss auch wieder von uns selbst angenommen werden. Am Beginn unserer Menschenreise hatten wir die freie Wahl. Doch da alles, was zu uns zurückkommt von uns auch angenommen werden muss, scheint es uns, wir hätten keine Wahl und Freiheit mehr, wenn wir den Druck des Schicksals erleben. Doch das kommt daher, da wir soviel Lebenszerstörendes hervorgebracht haben. Nur daher kommt der Zwang. Beginnen wir wieder lebensfördernde Gedanken, Worte und Taten auszusenden, dann werden diese zu uns zurückkommen. Es ist nur eine Frage der Zeit. Das Problem liegt darin, dass einzelne Menschen so viel lebenszerstörende Gedanken und Taten verwirklicht und ausgesandt haben, dass ein Leben oft nicht ausreicht, um all dies anzunehmen, wenn es zu ihnen zurückkommt.

Durch diese Freiheit der Wahl zeigt sich innerhalb der Einheit die unendliche Vielfalt der Möglichkeiten zur Verwirklichung. So einfach ist es.

Ob es uns bewusst ist, oder nicht, wir sind diesem vollkommenen Gesetz so und so unterworfen. Bewusstheit des Gesetzes bringt den großen Vorteil in der persönlichen Entwicklung, nicht gegen das Gesetz gerichtete Lebenskraft zu vergeuden, sondern im Einklang mit dem vollkommenen Gesetz Lebenskraft zu gewinnen und aufzubauen. Du lernst dein Boot in Richtung Liebe mit dem kosmischen Strom zu steuern, indem du deine Paddel innen und außen synchron bewegst. Auf der Stufe unseres derzeitigen menschlichen Bewusstseins bedeutet dies, alles, was wir sagen, denken und tun, hat die Tendenz sich zu verwirklichen, denn dies ist das Recht unserer freien Wahl. Wählen wir gute Gedanken, Worte und Taten, die das Leben und die Liebe fördern, so bauen wir Lebensenergie und Liebe auf. Wählen wir Gedanken, Worte und Taten, die das Leben und die Liebe beeinträchtigen, so verlieren wir Lebensenergie, denn sowohl Förderung als auch Beeinträchtigung kommen zu uns selbst zurück. Das ist nur eine Frage der Zeit.

Die einzige Möglichkeit, die du hast, diese Behauptung zu überprüfen, als wahr oder unwahr zu erkennen, ist die Möglichkeit, es auszuprobieren! Lebe dein Leben. Strebst du nach Bewusstheit und Selbsterkenntnis, so wird das Gesetz sich dir offenbaren und zwar dir ganz persönlich! Kümmerst du dich nicht um Bewusstheit und Selbsterkenntnis, dann trifft dich die Verantwortung vielleicht unverhofft, doch auch darin liegt eine Chance aufzuwachen. Nicht umsonst kommen viele Menschen gerade erst durch unverhoffte Schicksalsfügungen und Leid zu Reiki.

Denn durch Reiki lernen wir uns auf dieses vollkommene Gesetz zu konzentrieren und Reiki hilft uns selbst dieses Gesetz zu erkennen und zu verwirklichen. Reiki ist die universelle Energie, die uns bewusst mit der Weisheit und Kraft des vollkommenen Gesetzes in Verbindung bringt, sobald wir dies wollen. Reiki ist die universelle Energie, welche die heilende Kraft des vollkommenen Gesetzes in sich trägt.

Im vollkommenen Gesetz liegt das Geheimnis der ewigen Jugend, in dem Anfang und Ende sich vereinen.

Für die erste Zelle ändert sich das göttliche Bild niemals. In der ersten Zelle liegt das Ideal in seiner vollkommenen Form, die bereits alle Entwicklungsmöglichkeiten latent in sich trägt, für die sie sich im Laufe der Evolution entscheidet. Die erste Zelle trägt diese Intelligenz in sich und und übergibt sie als vollkommene Gestalt jeder neuen Zelle. Jeder Same hat das exakte Bild dessen in sich, was er hervorbringen soll. Wenn du dich mit Reiki verbindest, dann verbindest du dich auch mit dem wissenden Prinzip des universellen Gesetzes der Vollkommenheit in dir und in allem was außerhalb von dir ist.

Vollkommenheit schließt alles Unvollkommene mit ein. Vollkommenheit ist Gott, das Universum in seiner Alleinheit mit allen Wandlungschritten, der frei gewählten und der bedungenen Wandlung.

Heilung in höchster spiritueller Ebene ist Heiligung. Reiki reinsten Herzens anzuwenden bedeutet Heilung und Heiligung auf vollkommene Art und Weise. Heiligung bedeutet Vervollkommnung in Erleuchtung, Erlösung und Aufstieg. Wir alle entwickeln uns dahingegend, den komplexen Prozess der Vervollkommnung zu erleben. Doch das ist keine lineare Geschichte, das ist kein Weg von X nach Y. Das ist auch keine Sache von Heute oder Morgen, denn in den höheren Ebenen des Seins gibt es keine lineare Zeit und die Ewigkeit ist Jetzt. Daher können wir es wohl nur erahnen, als einen sehr komplexen Prozess materieller, seelischer und geistiger Entwicklung zu vollkommener universeller All- Bewusstheit. Dieser Prozess löst alle unsere Grenzen auf. Das Ich verschmilzt gleichermaßen mit der ersten Zelle, Amöbe, wie es auch mit aller Vielfalt der Erscheinungen vereint ist, dem geringsten und dem allmächtigsten Wesen und dem ganzen Unsiversum.

Vollkommen sein, bedeutet Bewusstheit im Kleinsten und Größten zu erlangen. Es gibt Schlüsselgedanken und Schlüsselssätze, die uns das Tor zu unserer Vervollkommnung öffnen können:

- ICH BIN das wissende Prinzip aller Dinge
- ICH BIN Liebe in Verwirklichung
- ICH BIN das (Reiki) Licht in Manifestation
- ICH BIN das Licht der Klarheit
- ICH BIN der Kelch der Vollkommenheit

Wenn du mit den Symbolen des zweiten Reiki-Grades und mit dem Meister-Symbol arbeitest, so kannst du die Symbole in dir aktivieren und mit folgendem Schlüsselsatz verstärken:

- ICH BIN das wissende Prinzip des 1. Reiki-Symbols CR
- ICH BIN das wissende Prinzip des 2. Reiki-Symbols SHK
- ICH BIN das wissende Prinzip des 3. Reiki-Symbols HS
- ICH BIN das wissende Prinzip des Meister-Symbols DKM

Die Schlüsselgedanken und -sätze öffnen in dir den Blick für den universellen Überfluss. Es ist alles da! Alles hat in der Vollkommenheit seinen Platz, es liegt an uns, was wir uns aus den Möglichkeiten des Seins herausnehmen. Oder besser gesagt, es liegt an uns, ob wir in die Fülle der Möglichkeiten eintreten. In der Vollkommenheit gibt es keinen Mangel. Sobald du einen Mangel empfindest, frag dich, was du brauchst, um einen Ausgleich herstellen zu können. Die Gewissheit des Erfolges liegt im vollkommenen Vertrauen auf die Kraft des ausgleichenden Lichtes in dir.

Zart wie eine Feder,
leicht wie ein Blatt,
das zu Boden sinkt,
lasse dich fallen, zeitlos
in den Urgrund des Universums.
Dein Vertrauen wird dich auffangen.

Ewige Jugend

Das vollkommene Gesetz fördert alles, was Leben und Liebe fördert und dieses Gesetz vermindert alles, was Leben und Liebe zerstört – darin liegt das Geheimnis der ewigen Jugend.

Gott ist dieses Gesetz. Gott ist in uns und somit wirkt dieses Gesetz in uns als Liebe stärker, als all unsere vollkommenen oder unvollkommenen persönlichen Gedanken, Worte und Taten wirken können. Wir haben die Wahl und Freiheit. Wählen wir ein ungesundes Leben und müssen verfrüht sterben, da wir unsere Lebensenergie zu früh verbraucht und keine neue aufgebaut haben, so wird das universelle Gesetz in seiner lebensfördernden Liebe uns dennoch ein neues Leben und somit eine neue Chance in einem neuen Körper geben! Denn der Aspekt unserer Seele, der das ungesunde Leben als Erfahrung gewählt hatte, wird bestrebt sein, einen Ausgleich herzustellen durch eine bewusst gesunde Lebensführung in der nächsten Inkarnation. Aber nicht immer gelingt der Ausgleich gleich im nächsten Leben, manchmal ist die Verhaftung an eine ungesunde Eigenschaft so starkt, dass es viele schmerzliche Erfahrungen braucht, bis der Mensch bereit ist, von schlechten Eigenschaften loszulassen und zu lernen.

Der Tod ist das Ende unseres physischen Körpers und ist das Ende des Lebens, das wir in genau diesem Körper gelebt haben. Die Erfahrungen dieses Lebens nehmen wir aber mit ins geistige Reich und diese kommen zu jenen Erfahrungen in unserer Seele hinzu, die wir als Seelenaspekt in einem anderen Leben, in einem anderen Körper, gesammelt haben, oder noch sammeln werden. In jedem Leben inkarniert ein seelischer Aspekt unseres Höchsten Selbstes und erlebt sich neu. Je inniger unsere Berührung mit Gott wird, je weiter wir in unserer Selbsterkenntnis und höheren Selbst-Bewusstwerdung erwacht sind, um so mehr Seelenaspekte können wir in uns erkennen, bis hin zu der Erkenntnis ALL-EINS zu sein mit allen Aspekten Gottes. Die Grenzen der getrennten Ich-Bewusstheit lösen sich immer mehr auf. Wir erfahren zunehmend die ICH-BIN-Bewusstheit der Einheit mit allen Lebewesen.

Auch darin liegt die Weisheit des Ausspruchs von Jesus, der richtiger Weise lautet: „Was du dem geringsten deiner Brüder und Schwestern tust, das hast du dir selbst und somit auch mir getan.“

Würden wir bereits so weit sein, dass wir in vollkommener Übereinstimmung mit dem vollkommenen Gesetz in Liebe leben würden, dann würden wir nicht sterben. Unser Körper erneuert seine Zellen immer wieder und die Erfüllung des vollkommenen Gesetzes würde uns so verfeinern, würde uns so durchlässig machen, dass wir als vollkommene Gott-Menschen wie Jesus auferstehen könnten. Wir würden unseren feinen Körper in einen Lichtkörper transzendieren und uns einreihen in die Bruderschaft und Schwesternschaft aufgestiegener Meister und Meisterinnen. Irgendwann werden wir soweit kommen. Aber es gelingt nicht aus dem Ego-Ich heraus, ja es gelingt nicht einmal aus dem erleuchteten ICH BIN-Bewusstsein heraus, denn dieses garantiert dir zwar freie Wahl deiner Lebensumstände, bindet dich aber dennoch an deinen physischen Körper. Der Aufstieg in die ewige Jugend gelingt nur aus der Alleinheit des WIR-Bewusstseins heraus und bedarf auch der Weiterentwicklung „aller Brüder und Schwestern", mit denen wir ja verbunden sind. Im Alleingang ist kein Aufstieg möglich. Nur dienende bedingungslose Allliebe bringt uns dahin und es bedarf der Geduld, bis die ganze Seelenfamilie so weit ist, in eine nächste Ebene und Dimension weiterzugehen.

Es bedarf daher einer dreifachen Aufrichtung.

- Vom unbewussten Menschen zum Menschen, der nach Selbstbewusstwerdung strebt.
- Vom SELBST-bewussten Menschen zum ICH BIN-bewussten Menschen. (Spirituelle Meisterschaft)
- Vom ICH BIN–bewussten Menschen zum dienenden WIR-Bewusstsein der Alleinheit. (Aufstieg)

Reiki ist die universelle Kraft, die diesen Prozess fördert. Zunächst wird Reiki uns helfen verbrauchte Körperenergie neu aufzubauen, damit wir die Kraft haben, all das Unvollkommene, das wir irgendwann einmal ausgesandt haben, zu uns selbst zurückzunehmen und zu erlösen. Jeder kommt damit soweit es im individuellen Entwicklungsstand der Seele und des Bewusstseins eben möglich ist. In der Erfüllung des vollkommenen Gesetzes erleben wir so auch vollkommene Heilung! Schicht für Schicht werden die Verdichtungen dessen, was nicht Liebe und nicht lebensfördernd ist, abgetragen und wir werden freier und freier und somit durchlässiger. Dieser Prozess kann aber mehrere Leben umspannen, je nachdem, was wir an „Samskaras" also an groben Verdichtungen mit uns schleppen. Samskaras sind die groben Strukturen und Verdichtungen in unserem Seelenkleid, die aus niedrigschwingenden, negativen Erlebnissen entstehen. Diese Verdichtungen müssen abgetragen, ausgeglichen und geheilt werden. Wir nennen diese Heilung auch geistige Läuterung. Unser Juwel wird geschliffen und poliert in diesem Prozess der Lichtkörperentwicklung.

Die größte Heilkraft liegt dabei in einem sanften Weg! Versuche nichts zu erzwingen, denn dies ist sowieso zum Scheitern verurteilt und wirft dich nur zurück. Versuche deinem Leben in den Strukturen dieser Zeit nicht zu entfliehen, sondern nutze die Chance, die in jedem Tag liegt und an jedem Ort auf dich wartet. Ich selbst wurde von meiner geistigen Führung immer wieder belehrt, dass mein spiritueller Ehrgeiz nicht nötig ist und mir nur schadet. Das war am Anfang schwer zu verstehen, denn ich erachtete Ehrgeiz als wichtige Antriebskraft. Aber Ehrgeiz ist Geiz und somit nicht lebensfördernd. Heute weiß ich, dass alles zur rechten Zeit kommt, keinen Tag früher und keinen Tag später. Meine Aufgabe und Verantwortung liegt einzig und allein darin, heute das zu tun und gut zu tun, was eben heute möglich ist. Damit leiste ich meinen zeitlichen und örtlichen Beitrag optimal.

Dieser Weg bedeutet Demut. Demut bedeutet Mut zu Gott. Demut bedeutet Mut zum Einklang mit dem vollkommenen Gesetz. Einklang mit dem vollkommenen Gesetz bedeutet ewige Jugend. Entweder immer wieder eine neue Lebenschance in einem jungen Körper oder eben irgendwann der große Aufstieg mit Hilfe Gottes lichter Flügel.

Licht und Schatten
schaffen die Konturen zur Orientierung.
Tag und Nacht,
betten sie ein im Wechsel
der Aktivität und Ruhe.

Der reife Mensch

Der unreife Mensch zeichnet sich dadurch aus,
dass er edel für eine Sache sterben will,
der reife dadurch, dass er bescheiden
für eine gute Sache leben will!
Wilhelm Stekel

- Der reife Mensch weiß um den Sinn des Möglichen, da er als unreifer Mensch an die Grenzen des Möglichen herangegangen ist und sie erfahren hat.

- Der reife Mensch verfügt über ein Gefühl der Ehrerbietung, da er als unreifer Mensch ehrfurchtlos gegenüber den großen Werten war. So hat er die Furcht kennen gelernt und sie bezwungen, indem er Ehrerbietung erlernte.

- Der reife Mensch hat ein Herz voller Demut, da er als unreifer Mensch die Leere und die Lehre des Hochmuts erfahren hat.

- Der reife Mensch hat einen Sinn für Großzügigkeit, da ihn als unreifen Menschen Kleinlichkeit immer wieder weit zurück geworfen hat.

- ➢ Der reife Mensch sprüht vor Enthusiasmus und Begeisterungsfähigkeit, da er als unreifer Mensch die lahme Trägheit des Desinteresses kennengelernt hat.

- ➢ Der reife Mensch lebt in Gewissheit im Einklang mit seinem Gewissen, da ihn als unreifen Menschen die quälenden Zweifel lange genug von seinem Ziel und Erfolg abgebracht haben.

- ➢ Der reife Mensch weiß wohin er gehört, da er als unreifer Mensch erfahren hat, wohin er nicht gehören will.

- ➢ Der reife Mensch begegnet unreifen Menschen mit großem Verständnis, mit Behutsamkeit, mit Nachsicht, aber auch mit großer Klarheit, die manchmal Strenge bedeuten kann, denn er weiß, wie sehr er selbst als unreifer Mensch einen strengen Lehrer als Halt und einen klaren Stern als Licht der Hoffnung am Horizont brauchte.

Jeder Apfel ist zuerst unreif, bevor er reif wird und genau so ist es auch bei jeder Menschenseele. Kein Meister fällt vom Himmel, sondern wir alle reifen durch Lernen. Reiki lehrt uns den Weg der klaren und bedingungslosen Liebe, durch die wir seelisch reifen. Es ist ein Weg, ein Prozess, eine Wandlung. Erst wenn wir als Mensch seelisch gereift sind, gibt unser Inneres den göttlichen Samen frei, der eine neuerliche Weiterentwicklung ermöglicht. So gehen wir voran, Stufe für Stufe in unserer spirituellen Meisterschaft, bis wir gelernt haben in Liebe und Leichtigkeit unsere Flügel auszubreiten, sanft und segnend.

Ein reifer Mensch ist fest im kosmischen Gesetz Gottes verwurzelt, so hat er die Hände frei, um auf Erden Gutes zu tun und kann mit seinen unsichtbaren Flügeln Schutz und Schatten spenden, Hilfe anbieten und Trost, er kann Leichtigkeit in Herzen wedeln, mit sanftem Flügelschlag Wangen berühren und ein Lächeln in die Mundwinkel jener zaubern, die meinten, verloren zu sein. Ein reifer Mensch strahlt das Licht Gottes aus durch sein Dasein, ganz einfach.

Reiki anzuwenden hilft dir diese Reife zu erlangen.

Du bist wichtig,
du bist wertvoll
und du bist einzigartig.
Ein Wesen aus Licht und Liebe.

26 Ich bin okay und du bist okay

Es gibt vier Möglichkeiten wie du über andere Menschen denken kannst:

- „Ich bin okay, aber du bist nicht okay.“ Das erzeugt Machtanspruch und Streit deinerseits.
- „Du bist okay, aber ich bin nicht okay.“ Das erzeugt Opferrolle und Schuldgefühl in dir.
- „Du bist nicht okay, aber ich bin auch nicht okay.“ Das erzeugt Chaos.
- „Ich bin okay und du bist okay.“ Das bringt Erlösung und Frieden.

Ich bin okay und du bist okay, damit beweist du Respekt vor dem Göttlichen in dir und im anderen, das ist Liebe, das bringt Frieden und das führt in die Freiheit. Dieses „Okay-Sein“ bezieht sich nicht auf unser Alltagsverhalten. In unserem Alltagsverhalten sind wir alle immer wieder mal fehlerhaft – Fehler zu machen gehört auch zu unserem Leben und zu unseren Erfahrungen. Das Wesentliche ist, dass wir uns selbst und auch andere Menschen in ihrem Menschsein grundsätzlich als okay empfinden können, auch dann, wenn wir ihr Verhalten nicht für gut befinden und nicht derselben Meinung wie sie sind. Ich bin okay und du bist okay, entbindet uns nicht von ehrlicher und konstruktiver Auseinadersetzung und offenem Meinungsaustausch. Ja es ist vielleicht sogar notwendig, uns von einem Menschen abzugrenzen und abzuschirmen, dennoch können wir diesem Menschen ein inneres „okay zu sein“ zugestehen, soweit es eben der jedem Menschen zustehenden Würde entspricht.

Es kann sein, dass in unserer Gesellschaft jemand verhaftet werden muss, eingesperrt werden muss, damit er anderen Menschen keinen Schaden mehr zufügen kann, dennoch steht diesem Menschen Würde zu und dies bedeutet ihm so entgegenzukommen, dass wir ihm klarmachen, dass, was er getan hat, zwar nicht in Ordnung war, wir von ihm auch erwarten, ja verlangen, dass er sein Verhalten korrigiert, dass wir ihn aber dennoch als Menschen „okay“ in seinem Lebensanspruch empfinden und daher respektvoll mit ihm umgehen. Wie hoch oder wie primitiv eine Kultur entwickelt ist zeigt sich darin, wie diese Kultur mit Minderheiten und Schwächeren umgeht und wie sie ihre Gefangenen behandelt.

Wie die Knospen an einem Baum gleichermaßen jung, frisch und unschuldig sind, egal ob der Baum jung und kräftig, oder alt und morsch ist, egal ob er gerade oder schief gewachsen ist, egal ob er jemandem Schatten spendet, oder seine Früchte achtlos von ihm fallen, genau so jung, frisch und unschuldig sind die Knospen der Tugend in jedem Menschen. Es lohnt sie zu suchen und zu begrüßen. Es lohnt sich anderen Menschen Mut zuzusprechen und zu sagen: Ich glaube an dich. Ich glaube an das Gute in dir. Ich vertraue auf deine Fähigkeit aufrichtig zu leben und einen ehrlichen Lebensweg zu gehen. In deinem Innersten bist du ein Kind Gottes, genau wie ich und genau wie jeder andere Mensch. Du bist in deines Herzens Urspungslicht ganz und okay! Komm, zeige mir, wie gut du bist, damit ich dich leichter achten, ehren und lieben kann. Enttäusche mich nicht in meinem guten Glauben an deine Aufrichtigkeit, damit unsere Begegnung sich andaurnd, herzlich, fröhlich und beglückend entwickeln kann.

Ich liebe dich, aber es liegt an dir gleichermaßen wie an mir, ob die Liebe eine distanzierte Allliebe bleibt, oder die Nähe der Umarmung uns beglücken wird.

Ich bemühe mich okay zu sein.

Und wie ist es mit dir?

Licht und Schatten
in mir,
die Hoffnung
und die Prüfung,
zur Erfüllung heranwachsend
in der goldenen Mitte

Reiki und die Prüfungen

In meiner nun schon bald zwei Jahrzehnte andauernden Reiki-Praxis bin ich immer wieder Menschen begegnet, die meinten sie kämen ohne Philosphie, ohne Charakterbildung und ohne Ethik am Reiki-Weg voran. Menschen, die meinten, es reicht, wenn man sich die Hände auflegt! Kosmische Gesetze? Tugend? Moral? Interessiert mich nicht. Es reicht, wenn man ein Symbol in den Raum stellt, Fernreiki schickt! Gott? Nein, danke, das hat mit Reiki ja nichts zu tun. Manche Menschen versuchen Reiki zu benutzen, um schnell mal einen Partner zu finden, das Konto aufzubessern, die Schmerzen im Rücken loszuwerden und um sich von der Mutter besser abnabeln zu können. Dafür, meinen sie, sei Reiki da. Spiritualität, Lichtkörperprozess? Auch so, ja, ein Auraphoto haben sie ohnehin bereits einmal machen lassen, auf einer Messe.

Vielleicht ist es ja für manche Menschen so einfach. Es hängt davon ab, was die Seele sich vorgenommen hat für dieses Leben. Was sie lernen will. Meine Beobachtung ist aber, dass all jene, die Reiki *nur so zum schnell mal Energie auftanken* benutzen, nicht wirklich vorankommen in ihrer Lebensentwicklung und nicht einmal merken, dass die Prüfungen, die das Leben ihnen auferlegt, nur durch bewusste Entwicklung des Charakters und der geistigen Fähigkeiten zu bestehen sind.

Nichts ist so schwer loszulassen wie die vielen Illusionen, denen sich die Menschheit hingibt. Wünsche und Illusionen sind es, die uns die längsten Umwege machen lassen. Aber es ist unser freier Wille und auch unser persönliches Recht spazieren zu gehen, so lange wir wollen. Es gibt sehr viele Menschen, die sich in der Glorie der Scheinerleuchtung baden, in dem Irrglauben ein großer Meister, eine große Meisterin zu sein.

Wenn du aber wirklich weiterkommen willst in deiner spirituellen Entwicklung, dann musst du dich der Wahrheit ganz tief stellen. Jeder Stufe, die du erklimmen willst, liegt eine ernsthafte Prüfung zu Grunde. Vor den Toren zur nächsten Ebene und Dimension stehen mächtige Prüfer, die aus den Bereichen des Schattens, der Illusion, der Verführung, der Dunkelheit, der Negativität und der Machtstrategien kommen. Diese Energien sind in dir, sonst würden sie sich außen in der Welt nicht zeigen. Es sind aber dennoch reale Prüfungen, die wir erleben, im Leben, im Beruf, in der Existenzsicherung, im zwischenmenschlichen Bereich, in der Partnerschaft, in der Familie manchmal auch im Rechtssystem unseres Staates.

Diese Energien und jene Menschen, durch die sie in dein Leben getragen werden, sind aber nicht deine Feinde, nein sie sind mächtige Prüfer, die in der Polarität unserer Erfahrung nicht zu umgehen sind. Ihre Aufgabe ist es, deine wahre Absicht in

Frage zu stellen. Sie wollen (scheinbar) dein Vorwärtskommen verhindern. Sie stellen sich dir in den Weg. Aber bedenke, sie sind nicht deine Feinde, nur deine Prüfer. Und jetzt hast du die Chance zu zeigen, was du gelernt hast am Reiki Weg. Nun darfst du beweisen, dass du tatsächlich fair bist, dass du wirklich ehrlich bist, dass du Gelassenheit tatsächlich gelernt hast, dass du keine Angst mehr hast, nicht mehr beeinflussbar bist, dass du dich nicht verführen lässt, dass du nicht nur über bedingungslose Liebe sprichst, sondern wirklich bereit bist bedingungslos zu lieben. Nun darfst du zeigen, dass du nicht mehr urteilst und verurteilst und dass du deine Emotionen der Wut, des Hasses, des Zorns, der Angst, der Furcht und all das wirklich gezähmt hast in dir. Du darfst beweisen, dass du frei bist! Der Schlüssel zu deiner Freiheit ist die Eigenverantwortung. Ohne Eigenverantwortung zu übernehmen kannst du nicht frei sein.

Die Prüfer prüfen dich, ob du es ehrlich meinst, ob du standhalten kannst im Licht. Sie testen deine Fähigkeiten, sie zeigen dir, ob du das, was du vorgibst zu sein, auch tatsächlich bereits bist.

Eigentlich sollten wir danke sagen zu den mächtigen Prüfern. Denn es ist eine große Chance für uns, wenn sie uns begegnen. Du brauchst auch keine Angst zu haben vor den Prüfungen! Sie kommen ohnehin früher oder später im Leben, mit Reiki hast du jetzt Ja gesagt und du bekommst die Chance dich in deiner Schwingung zu erhöhen und von Stufe zu Stufe weiterzugehen Richtung Licht, Erlösung, Erleuchtung, Liebe.

Es ist ein schöner Weg. Auch wenn das Leben manchmal hart und steinig ist, sobald die Prüfung bestanden ist, müssen die mächtigsten Schatten weichen und das nächste Tor, die nächste Stufe freigeben. Und schon erstrahlt sich das Licht der neuen Schwingung und deine lichten Helfer erwarten dich freudestrahlend - bis sie, sobald du diese Ebene auch durchlebt und durchschritten hast, auch wieder zu den mächtigen Schattenprüfern werden, wenn du zur nächsten Ebene weitergehst. Das ist der Weg, der spirituelle Pfad, den wir alle irgendwann gehen. Immer höher wird die Schwingung, immer komplexer erfassen wir das Wunder des Seins, der Vielfalt in der Einheit. Immer genauer lernen wir zu unterscheiden, zu denken, zu sprechen, zu handeln und immer stärker wird unsere Kraft und Individualität in der Verschmolzenheit mit dem universellen Reiki-Licht. Bis wir unsere geistige Sonnenbuddhaschaft erreicht haben, bis wir unser Christusbewusstsein entfaltet haben und die Große Göttin ebenso in uns auferstanden ist, wie alle Aspekte der Wahrheit in uns irgendwann auferstehen. Dann erkennen wir, dass hinter all dem, die EINE und für uns alle GLEICHE Quelle des Lebens wartet, um uns aufzunehmen - Reiki, Gott, die Heimat der allumfassenden universellen Liebe.

Die Brücke hält die Ufer zusammen,
verbindet links und rechts
wie ein Thermometer warm und kalt.
Gleicht hoch und tief aus
wie eine Wasserwaage.
Wie eine Waage, wie eine Brücke
lasse mich sein
ein gutes Thermometer in der Zeit.

Die Polarität überwinden

In dieser Zeit ist in Esoterikerkreisen sehr viel die Rede vom Überwinden der Polarität, vom Aufstieg der Erde und der Schwingungserhöhung. Ja, es ist Realität, dass grundlegende evolutionsbedingte Entwicklungen stattfinden. Allerdings haben manche Menschen ein völlig falsches Bild und eine fehlgeleitete Erwartung. Die Polarität an sich wird nicht verschwinden. Es gibt immer noch einen Süd- und einen Nordpol, eine Flußrichtung, ein Links und ein Rechts, Licht und Dunkelheit, Tag und Nacht.

Das Überwinden der Polarität muss in unserer Bewusstheit erfolgen. Es erfordert einen inneren Erkenntnisprozess, um zu verstehen, dass Licht und Schatten, Gut und Böse gleich gut und wichtig für uns sind! Wir brauchen beides, es ist unser Weg, den wir gewählt haben. Erinnere dich an das, was wir am Anfang des Buches besprochen haben: Die Balance ist nur in der Mitte zu finden. Wir überwinden die Polarität, wie eine Wasserwaage, die völlig gerade ist, da gibt es kein höher und tiefer, keine Schräge. Die Luftblase ist genau in der Mitte!

Die Kunst die Polarität zu überwinden liegt darin, sich selbst in jeder Sekunde des Lebens genauso gerade und aufrichtig wie eine Wasserwaage auszurichten und zu zentrieren im göttlichen

Mittelpunkt, wie die Blase in der Wasserwaage der Liebe. Das ist Erleuchtung. Dahin führt es uns, im Hier und Jetzt! Inmitten der Arbeit, die wir tun, als Taxilenker, Regierungschefin, Minister, Journalistin, Techniker, Heilmasseur, während der Umarmung im Bett mit unserem Liebsten, im Umgang mit unseren Kindern, am Stammtisch, am Tanzparkett und am Fußballplatz.

Polarität überwinden bedeutet genauestens unterscheiden zu können, was in welcher Ebene wann und wo zu tun ist, um alles in die Waage und ins Gleichgewicht zu bringen. Wenn du das kannst, dann ist Gerechtigkeit keine Frage mehr, denn im Lot ist im Lot! Du siehst ohne höhere Hilfe geht es nicht, denn niemals könnten wir in sekundenschnelle alle Faktoren erfassen, die sichtbaren und die verborgenen und dann haarscharf austarieren. Das geht nur mit geistiger Hilfe, mit Reiki, mit Intuition und mit höherem Bewusstsein. Das geht erst, wenn wir eine stabile Plattform des Lichtes erreicht haben, auf der ein hochsensibel trainierter Charakter Selbstverständlichkeit ist.

Unterziehe dich selbst einer kleinen Prüfung und versuche folgende Aufgabe in der nächsten Zeit zu lösen: Bringe diese Gegensätze in die Waage, so dass du selbst, wie die Blase in der Waagschale genau in der Mitte bist und beide Eigenschaften in der Waagrechten.

- ➢ biegsam bleiben --- standhalten können
- ➢ unnachgiebig sein --- nachgeben
- ➢ bescheiden sein --- selbstbewusst sein

- leise sein --- hörbar jubelieren
- sich zurückstellen --- Anerkennung einfordern

Glaube mir, dich so geistig zu trainieren, ist sehr spannend und macht Freude. Sobald die erste Trägheit und die ersten Hürden überwunden sind, ist es wie beim Sport, du willst einfach weiterkommen! Es ist eine Herausforderung. Und das wunderbare daran ist, du tust es nur für dich! Tust du es, um Applaus zu ernten, so ist die Prüfung schon misslungen und die Waagschale bereits gekippt in Richtung Ego. Doch Ego und Seelen-Ich müssen in einer Linie sein und in Synchronizität mit dem kosmischen, also göttlichen Willen. Dann erwacht deine Freude!

- durchlässig sein --- alles aufnehmen können
- loslassen --- verbunden bleiben
- nach innen spüren --- nach außen schauen
- verwurzelt sein --- fliegen
- innehalten --- ausdehnen
- frei sein --- eingebunden bleiben
- vollkommene Leere --- vollkommene Konzentration
- alles gleichzeitig wahrnehmen --- auf ein Detail konzentriert bleiben

Du tust es für dich. Dir selbst zur Freude und somit Gott zur Freude. Dann geschieht das, was so wundervoll ist, du beginnst dadurch tatsächlich die Heilung auch für die ganze Welt zu sein.

Denn alles, was nur ein Mensch verwirklicht hat, hat er für die Welt als Ganzes verwirklicht, im Guten wie im Schlechten. Doch das Gute wird jetzt gestärkt vom kosmischen Gesetz und zählt höher in der Schwingung, da es von diesem nun unterstützt wird. Wir müssen wissen, dass wir in der Evolution durch so dunkle und finstere Zeitalter gegangen sind, in denen die Schwingung auf dem Planeten Erde so niedrig war, dass höhere und feinere Schwingung sich irdisch schwer halten konnte. Doch gerade jetzt befinden wir uns in einer Wendezeit und bekommen die Chance, die Schwingung sehr weit zu erhöhen. Reiki ist ganz bestimmt eine kosmische Hilfe, die uns genau in dieser so wichtigen Zeit wiedergegeben wurde, damit wir schneller vorankommen in unserer Heilung und geistigen Bewusstseinsentwicklung.

David R. Hawkins beschreibt so wunderbar in seinen Büchern: Wenn nur ein einziger Mensch gelernt hat nicht mehr zu urteilen über gut und schlecht in der Welt, dann tariert er die Waagschale in den morphogenetischen Feldern automatisch für etwa 90 000 Menschen aus! Stell dir das vor, du allein kannst soviel Harmonie in die Schwingung der Welt bringen! Ein Mensch, der gelernt hat in freundlicher und unterstützender Liebe durch den Tag zu gehen und in den anderen Menschen den göttlichen Funken zu grüßen und zu stärken, der tariert die Negativität von ca. 250 000 Menschen aus. Ist das nicht wunderbar? Da erfüllt sich doch, auch auf die aller positivste Weise, was Jesus gesagt hat: *Was du dem geringsten meiner Brüder tust hast du mir getan!*

Ich kann dir diese Zahlen nicht beweisen, ich weiß aber, dass sie stimmen und nicht zu hoch gegriffen sind, im Gegenteil, mit zunehmender allgemein höherer Schwingung gewinnt die Lichtschwingung immer noch stärker an Kraft. Im großen kosmischen Zyklus eines Weltentages haben wir über Jahrtausende die dunkle Seite des Abstieges durchwandert und kommen jetzt auf die helle Seite des Aufstiegs. Die Sonne des neuen Morgens begrüßt uns. So ein kosmischer Tag mit einer kosmischen Nacht dauert etwa 24 000 bis 26 000 Jahre. Ungefähr 2 000 Jahre durchwandern wir dabei ein Sternzeichen. Im Moment befinden wir uns am Anfang des Wassermannzeitalters und haben das Fischezeitalter hinter uns. Zu Beginn des Fischezeitalters kam Jesus auf die Erde. Er lehrte uns:

Liebe Gott über-all(es), deinen Nächsten und dich selbst.

In den letzten 2 000 Jahren haben sich Christen vorallem bemüht Gott anzubeten, aber Gott rückte immer weiter weg von uns - hoch hinauf irgendwo in den Himmel, in die Kuppel der Kirchen und auf die Kanzel, hoch erhoben über dem knieenden und geknechteten Volk. Obwohl uns Jesus gesagt hat, wo wir Gott finden, nämlich in unserem eigenen Herzen. Reiki lehrt nichts anderes, es ist ein neuerlicher Aufruf den Weg des Herzens tatsächlich zu gehen.

Durch Reiki lernen wir zuallererst uns selbst anzunehmen, zu lieben und zu ergründen. Wir lernen auch bei uns selbst zu beginnen, die Tugenden zu verwirklichen, anstatt sie anderen vorzuschreiben und von ihnen zu verlangen. Reiki bedeutet, beginne in allem was du tust bei dir selbst!

Wenn wir uns selbst lieben, dann finden wir Gott in uns und lernen Gott in uns zu lieben. Haben wir Gott in uns selbst gefunden, dann wissen wir, dass er/sie auch in allen anderen Lebewesen anwesend und allgegenwärtig ist und können ganz selbstverständlich auch andere Menschen lieben, in bedingungsloser Liebe. Zumindest sollten wir es lernen.

Polarität überwinden bedeutet, innen und außen in die Waagschale bringen, dich selbst und Gott in die Waagschale bringen, dich selbst und alle anderen Menschen in die Waagschale bringen und die Welt austarieren. Ja, das bedeutet es.

Erkenne dich selbst.

Erkenne die Göttlichkeit in dir.

Erkenne die Göttlichkeit in allem was ist.

Es gibt nur eine
wirkliche und beständige
Macht in diesem Universum.
Es ist die Macht der Liebe und Hingabe,
die aus der Kraft der Stille kommt.

Macht, Hingabe und Geduld

Manche Menschen verdammen Macht generell – doch ich denke zu Unrecht. Denn ohne Macht können wir nichts machen, ohne Macht sind wir machtlos, ohne Macht liefern wir uns aus, fallen in Ohnmacht und verlieren unseren Standpunkt und unsere Mitte. Wollen wir das Göttliche in uns entfalten, so müssen wir Mut zur Macht entwickeln, denn Gott ist allmächtig und als göttlicher Teilaspekt haben eben auch wir naturgegeben Anteil an Gottes Allmacht. Doch der wahre spirituelle Weg dorthin führt über die Demut!

Demut ist Mut zur Hingabe an die geistige Ursubstanz, an das Leben, an uns selbst, an andere Menschen und Lebewesen; Demut ist die Macht der Liebe. Demut ist die Macht des wahrhaftigen Mitgefühls und der Güte. Doch diese Macht der Liebe müssen wir erst entwickeln. Die meisten Menschen kennen nur die Macht der Tat und sie versuchen an die Spitze zu gelangen durch Kraft, durch Technik, durch Strategie, durch Ellenbogentechnik und im ganz negativen Fall auch durch rücksichtslose Gewalt. Wir müssen daher Macht, die Gewalt anwendet, von der universellen Macht der Liebe zu unterscheiden lernen. Liebe ist die größte Macht im Universum. Liebe ist die Macht des Seins.

Diese Macht können wir nur durch Hingabe erlangen. Hingabe in ehrlicher und wahrhaftiger Absicht, an unser höchstes Ideal. Diese Hingabe erfordert Mut, Kraft und Intensität, sie erfordert Respekt vor dem Refugium anderer, sie erfordert Toleranz, aber auch Klarheit und Eindeutigkeit. Wenn wir diese höchste Tugend, der Macht der Liebe und Hingabe gelernt haben, dann sind wir unbesiegbar und weltliche Gewalt kann uns nichts mehr anhaben, da unsere Seele frei geworden ist. Aber es braucht Zeit, bis diese Heilung, das Heilige in uns und um uns, sich vollkommen entwickelt hat. So braucht dieser Weg der Demut vor allem auch die große Tugend der Geduld. Reiki führt uns in die Mitte des goldenen Pfades und wir lernen die Qualität der Aktivität und die Qualität der Passivität in Harmonie zu bringen. Das braucht Training und auch Geduld.

Die Macht der Liebe zeigt sich durch das rechte Maß:

- Schweigen und Reden
- Abwarten und Initiative ergreifen
- Sich öffnen und sich abgrenzen
- An der Spitze stehen, in der Mitte bleiben und das Schlusslicht tragen
- Frei bleiben in liebevoller Gemeinsamkeit
- Das Leben ehren und den Tod nicht fürchten
- Mutig sein und Vorsicht walten lassen
- Auf Gott vertrauen, aber die eigenen Fähigkeiten einsetzen

- Genau sein im Detail und das Ganze nicht aus den Augen verlieren
- Freude und Schönheit fördern
- Anmut und Leichtigkeit mit Gewissenhaftigkeit und Verantwortungsbewusstsein vereinen
- Mit aller Kraft ja zum ewigen Leben sagen

Reiki, andere spirituelle Lehren, Religionen, Philosophie, Wissenschaft – vieles steht uns zur Verfügung um unser Leben besser, glücklicher, gesünder und liebevoller zu gestalten. Doch welche Bücher wir auch lesen, welche Pfade wir auch wählen, immer sind wir selbst „das Maß aller Dinge!" wie Protagoras, der alte Grieche, es bereits erkannte. Die Wahrheit lebt subjektiv in uns und ebenso lebt unsere individuelle Möglichkeit, das Leben gut zu gestalten, ganz einzigartig in jedem von uns.

Möge es dir gelingen – ob mit oder ohne Reiki – deine Flügel frei zu entfalten. Möge es dir gelingen, das Wunder deines Lebens mit dem Wunder des Lebens anderer in Freude zu teilen, damit wir einander reich beschenken, beglücken und tief im Herzen spüren, dass es uns Menschen, die Sterne, die Planeten, die Wiesen, die Wälder, die Berge, die Seen, die Blumen und Tiere, die Fische, die Schmetterlinge ... das Kinderlachen, die Sonnenstrahlen, die Regentropfen, die himmlische Musik ... die Zärtlichkeit ... die Liebe wirklich und wahrhaftig gibt. Reich mir deine Hand und drück mich, ich mag dich spüren. Danke, dass es dich gibt!

Sei ein Licht in der Welt.
Ein Licht der Einfachheit.
Ein Licht der Freude,
der Leichtigkeit
und der Stille.
Sei ein wahres Reiki-Licht.

Epilog

„Ich muss wohl zwei oder drei Raupen aushalten,
wenn ich die Schmetterlinge kennenlernen will."
Der kleine Prinz
Antoine de Saint-Exupéry

Schneesterne funkeln glitzernd an den Ästen der Bäume. Raureif hat sich weich gebauscht über das Tal gebreitet, wie die gehäkelte Spitzenstola über die Schultern der Großmutter, während sie uns, ihr Monokel festhaltend, aus dem Kinderbuch vorlas, mit leiser Stimme, doch sehr eindringlich. So, dass wir die Botschaft der Geschichte verstehen sollten, und uns erinnern, an die Stimme, die gütige und die Wärme unter ihrer Decke und das Rauschen ihrer vielen Unterröcke, die sie immer übereinander angezogen hat. Die Weisheit der Großen Mütter begleitet uns immer, auch wenn die Reife des Lebens uns selbst längst geprägt hat mit ersten Falten, die sich zusehends vertiefen und uns der Wert der Geschichten, die wir an die Jungen weitergeben, neu bewusst wird.

Karg liegt zuweilen das Land, der Nebel kriecht eisig in alle Ritzen. Es ist besser sich auf der Ofenbank einzurollen, wie die schnurrende Katze und sich unter dem Panzer der alten Schuppen klein zu machen und zu warten bis die warmen Maisonnenstrahlen und der laue Regen das Zeichen zum Aufbruch geben. Das muss so sein, erzählt die Geschichte. Denn zwei oder drei Raupenstadien müssen wir schon aushalten, wenn wir die Flügel wie ein Schmetterling erheben wollen ... damit wir tanzen können, da oben unter dem Firmament, und fliegen, von Kontinent zu Kontinent, und schweben von Baumkrone zu Baumkrone, uns tragen lassen von Welle zu Welle und aufsteigen zu den Sternen und zu den Planeten, den fernen und den nahen. So Vieles gibt es immer noch zu entdecken, zu bestaunen und zu bejubeln. So reich ist diese Welt, so bunt und vielfältig, voller Wunder ringsum. Ach und an sollten wir aber nicht vergessen zu landen, da wo es warm und gemütlich ist. Da, wo ein Lied gesungen wird und da, wo die Kekse duften und die Wangen glühen vor Freude. Ach und an sollten wir unsere Flügel einklappen und dafür die Arme weit ausbreiten, den Herzensaltar aufmachen, uns reinschmiegen in die Umarmung, für die du und ich jetzt bereit sind, still und leise glücklich – und ja, es darf hier auf Erden sein, oder dort hinter dem Mond, je nachdem wie es dir beliebt. Doch vergiss nicht, wohin die Flügel dich auch tragen, hier und jetzt zum Greifen nah liegt dein Glück.

Nimm es in deine Hand.

Reiki als Gottes Segen ist mit dir.

Weißt du jetzt,
warum Engel Flügel haben?,
fragen die Sterne das Kind.

Ja,
sagt das Kind voller Dankbarkeit,
ich weiß, wenn ich die Liebe meines Herzens
in die Welt trage, dann wird
mein Herz sichtbar, als zwei Flügel,
die ich mit der Kraft meiner Herzensliebe
entfalten und bewegen kann...

Bibliographie Karin E. J. Kolland:

„Und der Himmel führt Regie“ Entwicklungsroman; ISBN 9783931142000 Kompetenzverlag 1995-Restbestand Hanael Verlag

„Intuitives Reiki der 2. Grad“ Fachbuch; ISBN 9783950074505 Hanael Verlag; 1997; (2008 Lizenz für Russisch Sophia Verlag, Kiew)

„Intuitives Reiki der 1. Grad“ Fachbuch; ISBN 9783950074512 Hanael Verlag; 1998;

„Intuitives Reiki Meistergrad“ Fachbuch; ISBN 9783950074529 Hanael Verlag; 2000;

„Das 1x1 der Kosmologie“ Fachbuch; ISBN 9783950074543 Hanael Verlag; 2002

„Wenn die Liebe Trauer trägt – Die Hoffnung bewahren“ Entwicklungsroman; ISBN 9783950074598 Hanael Verlag; 2000;

„Im Chi der Mondin – Wenn die Liebe Heilung schenkt“ Entwicklungsroman; ISBN 9783902383013 Hanael Verlag; 2003

„Die Prophetin von Cassiopeia“ Essay; zweisprachig; ISBN 9783902383020; Hanael Verlag; 2003

„Out of Asyl“ Roman; ISBN 9783902383037; Hanael Verlag 2004

„Friede sei mit mir“ Fachbuch; ISBN 9783902383089 Hanael Verlag 2005

„Hanael Engelkarten“ Kartenset ISBN 9783902383105 Hanael Verlag 2006;

„Intuitives Reiki Licht-Management“ Fachbuch; ISBN 9783902383090 Hanael Verlag 2006/07

„Das Reiki Meister-Buch“ Fach-Anthologie HRG. Frank Dorr; Windpferdverlag 2007

„Magie der Elemente“ – Kartenset&Buch ISBN 9783902383112 Hanael Verlag 2007

„sanft gesagt – durch tag und mond und jahr“ healing-art Lyrik ISBN 9783902383211 Hanael Verlag 2008

„sanft berührt – zeitbrücke in liebe“ healing-art Lyrik ISBN 9783902383228 Hanael Verlag 2008